我们的「十四五」

中共江苏省委宣传部 编

江苏人民出版社

图书在版编目（CIP）数据

我们的"十四五" / 中共江苏省委宣传部编. —— 南京：江苏人民出版社，2021.9
ISBN 978-7-214-26244-8

Ⅰ.①我… Ⅱ.①中… Ⅲ.①区域经济发展－研究－江苏②社会发展－研究－江苏 Ⅳ.①F127.53

中国版本图书馆CIP数据核字(2021)第190586号

书　　名	我们的"十四五"
编　　者	中共江苏省委宣传部
责任编辑	陈　颖
特约编辑	汪思琪
装帧设计	赵春明
出版发行	江苏人民出版社
地　　址	南京市湖南路1号A楼，邮编：210009
照　　排	江苏凤凰制版有限公司
印　　刷	江苏凤凰通达印刷有限公司
开　　本	718毫米×1000毫米　1/16
印　　张	9.5　插页1
字　　数	123千字
版　　次	2021年9月第1版
印　　次	2021年9月第1次印刷
标准书号	ISBN 978-7-214-26244-8
定　　价	48.00元

（江苏人民出版社图书凡印装错误可向承印厂调换）

目录 CONTENTS

第一章 "强富美高"新江苏建设迈出新步伐 _001

第一节 "经济强"成就显著 _002

第二节 "百姓富"成果丰硕 _005

第三节 "环境美"成色更足 _008

第四节 "社会文明程度高"成效彰显 _011

第二章 扛起"争当表率、争做示范、走在前列"历史担当 _017

第一节 新形势新机遇 _018

第二节 新阶段新使命 _024

第三节 新要求新目标 _029

第三章 推动经济高质量发展 _035

第一节 深入实施创新驱动发展战略 _036

第二节 着力提升制造业核心竞争力 _042

第三节 加快发展现代服务业 _047

第四节 全面推进乡村振兴 _050

第四章 / 创造人民期盼的美好生活_061

第一节 持续深化富民增收_062
第二节 实现更加充分更高质量就业_066
第三节 提高社会保障水平_070
第四节 推进基本公共服务均等化_074

第五章 / 提升省域治理整体效能_079

第一节 推进社会主义民主法治建设_080
第二节 加强和创新社会治理_084
第三节 筑牢安全发展底线_088

第六章 / 促进人与自然和谐共生_097

第一节 提升生态环境质量_098
第二节 构建绿色生产生活方式_101
第三节 共同建设美丽宜居幸福家园_106

第七章 / 加强社会主义精神文明建设_109

第一节 强化思想价值引领_110
第二节 彰显江苏文化特色魅力_113
第三节 创新发展文化事业产业_119

目 录
CONTENTS

第八章 / 塑造改革开放新优势 _123

    第一节　建设高标准市场体系 _124
    第二节　打造国际一流营商环境 _128
    第三节　推动全方位对外开放 _131

第九章 / 凝心聚力奋进"十四五" _141

后记 _145

第一章 "强富美高"新江苏建设迈出新步伐

2014年12月,习近平总书记视察江苏并发表重要讲话,殷切期望江苏紧紧围绕"两个率先",协调推进"四个全面",努力建设经济强、百姓富、环境美、社会文明程度高的新江苏。"强富美高"新江苏,是习近平总书记为江苏勾画的宏伟蓝图,是中国梦江苏篇章的生动描绘,是党中央对江苏发展要求从速度率先转向质量领先的集中体现。8400多万江苏人民始终牢记总书记的殷殷嘱托,不舍昼夜、只争朝夕,用勤劳和智慧一步步描绘出"强富美高"新江苏的现实模样。

大江奔腾,沧海桑田。千载运河,不舍昼夜。

"中央有要求、江苏有行动、落实见成效。"6年多来,全省人民以习近平新时代中国特色社会主义思想为指引,在"强富美高"新江苏的目标引领下,正探索一条具有中国特色、时代特征、江苏特点,彰显"强富美高"内涵的现代化路径,使之成为未来江苏现代化形态最具魅力、最令人自豪、最让人向往的特征。

第一节 "经济强"成就显著

"经济强"这一首位标识,赋予了江苏发展新担当。"经济强",不仅要强在经济规模上,更要强在质量效益上、强在创新能力上、强在经济结构上、强在企业活力上、强在特色优势上;不仅要着眼于自身发展进行纵向比较,更要放眼全国乃至全球进行横向对比。

综合发展实力显著增强。"十三五"以来,全省地区生产总值连跨3个万亿元台阶。到2020年,达到10.27万亿元,占全国经济总量的10%以上。如果以单独经济体来算,位列全球第13位。人均地区生产总值达到12.5万元,位居全国各省(区)之首。实现一般公共预算收入9059亿元,年均增长2.4%。发展的质量效益进一步提高,全员劳动生产率达到21.5万元。投资结构持续优化,民间投资比重达68.5%左右。实际使用外资规模、进出口总额分别位居全国第一、第二。

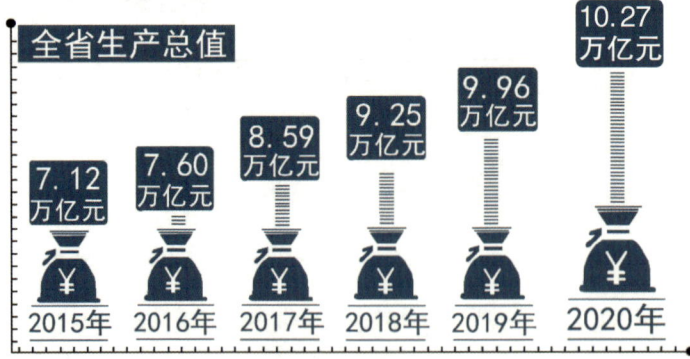

江苏成为全国第二个GDP突破10万亿元的省份

经济保持平稳健康运行。沉着应对外部严峻风险挑战,聚焦"六稳""六保"工作任务,着力推进结构调整和动能转换,着力突出民生福祉和安全保障，着力强化体系建设和制度完善，牢牢守住稳定、安全、生态、廉政四条底线，有效降低中美经贸摩擦的不利影响，实现高基数上的稳中有进、进中提质。

> **释疑解惑**
>
> **问** 什么是"六稳""六保"？
>
> **答** "六稳"指的是稳就业、稳金融、稳外贸、稳外资、稳投资、稳预期。"六保"则是保居民就业、保基本民生、保市场主体、保粮食能源安全、保产业链供应链稳定、保基层运转。

国家重大战略扎实推进。 "一带一路"交汇点建设走深走实，中国（江苏）自由贸易试验区成功获批、形成115项制度创新成果，连云港海港、徐州国际陆港、淮安空港互为支撑的现代物流"金三角"建设加快，中阿（联酋）产能合作示范园、柬埔寨西港特区、中哈（连云港）物流合作基地等标志性工程取得积极进展，各级各类开发园区创新转型迈上新台阶，向东向西双向开放大通道正在递进形成。坚决落实长江经济带"共抓大保护、不搞大开发"要求，坚持生态优先、绿色发展，统筹推进环境整治和产业升级，"重化围江"治理取得重大进展。抓住长三角区域一体化发展机遇，大力推动产业创新、基础设施、区域市场、绿色发展、公共服务和省内全域"六个一体化"取得新进展，生态绿色一体化发展示范区制度创新成果不断涌现，沿沪宁产业创新带展开布局，水资源保护、水污染防治、水生态修复省际协作进一步加强，4条涉及江苏的省际待贯通路段建成通车，65个政务服务事项实现"一网通办、异地可办、就近办理"，高质量一体化发展格局加快形成。

实体经济优势巩固增强。 创新型省份建设成效显著，南京辐射支撑和苏南国家自主创新示范区"创新矩阵"作用充分发挥，未来网络、"奋斗者"号万米载人潜水器、"神威·太湖之光"超级计算机等重大原创科技成果持续涌现,战略性新兴产业、高新技术产业产值占规模以上工业比重分别达37.8%和46.5%,全社会研发投入强度达2.82%,科技进步贡献率达65%。省级先进制造业集群综合竞争力持续增强,30条优势产业链整合效应不断显现,产业链供应链自主可控能力有效提升,制造业规模约占全国1/8,两化融合发展指数连续5年位居全国第一。服务业增加值占地区生产总值比重突破50%,生产性服务业规模进一步扩大。农业现代化建设迈出坚实步伐,重要农产品生产和供应稳定,粮食年产量稳定在700亿斤以上,口粮保持自给。市场主体达1238万户,民营经济增加值达到5.8万亿元。4家企业入围世界500强、90家企业进入全国民营企业500强,企业综合竞争力不断提升。成功举办世界物联网博览会、世界智能制造大会等活动,资源集聚能力进一步增强。

城乡区域发展更趋协调。常住人口城镇化率达到72%,都市圈城市群承载能力不断增强,宁镇扬、苏锡常一体化有效推进,南京首位度提升取得重要进展,苏州、徐州、无锡等区域中心城市日益成为高质量发展的重要支点和动力源,13个设区市均进入全国经济百强城市行列,综合实力百

沪苏通长江公铁大桥是沪苏通铁路的关键节点和控制性工程,北起南通,南至张家港,全长11072公里。大桥于2014年3月1日动工建设,2020年7月1日建成通车

强市县数量居全国第一。乡村振兴战略深入实施，城乡居民收入比缩小到2.19∶1，苏北地区农民群众住房条件改善完成20万户目标任务，特色小镇规范发展。南北共建园区高质量推进，苏中苏北经济总量占全省比重提高到43%。加强系统谋划、自主规划，交通、能源、信息、水利等现代基础设施网络日趋完善，综合交通运输体系实现新的突破，高铁主骨架基本形成，高铁总里程达2215公里，从2015年的全国第14位跃升至第3位，沪苏通铁路一期工程、连淮扬镇铁路、盐通高铁等重大工程建成通车，南沿江高铁、宁淮城际铁路等交通项目加快落地，扬子江隧道、沪苏通大桥、五峰山大桥、江心洲大桥4个过江通道建成通车，6个设区市开通城市轨道交通。

第二节 "百姓富"成果丰硕

"希望大家日子都过得殷实。"2014年12月，习近平总书记视察江苏，在同镇江世业洲村民拉家常时他饱含深情地说道。

"百姓富"，不仅要体现为物质生活富足，而且要体现为精神生活丰富，要满足人民日益增长的美好生活需要。6年多来，江苏坚持以人民为中心的发展思想，一个个富民举措不断实施，一项项创新探索不断涌现，一座座民生高地不断刷新，让人民群众有更好的教育、更稳定的工作、更满意的收入、更可靠的社会保障、更高水平的医疗卫生服务、更舒适的居住条件、更优美的环境……在高水平全面建成小康社会的进程中，8400多万江苏人民生活持续改善，"富"的成果越来越可享、可感。

提高居民收入富民。 百姓富，提高居民收入是最根本。在居民收入、企业利润、财政收入"三个口袋"中，居民收入是第一位的。老百姓腰包真正鼓起来,才有可能实现"财富自由",完成从生存到生活的转变。在江苏,工资性收入在城乡居民收入中占比近60%。只有推动实现更高质量就业、更大力度创业,充分调动全体劳动者的积极性、主动性和创造性,加快促进城乡居民增收致富,不断提高居民收入水平,才能切实达到"百姓富"的目标。"十三五"时期,全省创造了更多的"金饭碗""银饭碗"。大力实施就业优先战略和积极就业政策,城镇新增就业累计达726万人,城镇登记失业率始终保持在3%以下的较低水平。全面优化创业环境,大力培育创业主体,畅通创业渠道,拓展创业空间,发挥大学毕业生、企业骨干、高校院所科研人员、海归、返乡农民工等重点群体示范带动作用,让想创业、敢创业、创大业成为更多人的追求。2020年,全省居民人均可支配收入达4.34万元,比2015年增加1.39万元。

网言网语

> - "百姓富"是"全面小康"的内在要求,人民群众腰包要鼓起来、脑袋要"富"起来,要活得有滋有味。
> - 百姓富,既要理念前瞻,又要实际行动;百姓富,既要脚踏实地,又要锐意创新。
> - 家乡苏北,一幢幢新居拔地而起,我们"住上好房子,过上好日子,养成好习惯,形成好风气",未来更有奔头了。

把握民生新变化富民。 要实现"百姓富",不仅要注重保障和改善民生,让改革成果更多更公平惠及广大人民群众,还要聚焦老百姓对美好生活的向往,不断提高老百姓生活质量,提高富民"含金量"。江苏坚持"问需于民""问计于民""问效于民",精准把握民生发展新变化,将人民群众的意见和建议作为富民工程的实施方向。坚持把75%以上的公共财政用于民生领域,把公共服务作为最大普惠,直面住房、上学、出行、养老、就医等群众反映强烈的突出问题，"民生蛋糕"越做越大、越分越好。坚持办好人民满意的教育，发出了加快建设现代化教育强省的"动员令"，让孩子们不仅"有学上"，更能"上好学"。社会保障体系实现城乡全覆盖，待遇水平稳步提升，最低生活保障标准率先实现以设区市为单位城乡并轨。居民健康、养老、托幼、体育、扶残助残等发展水平继续走在前列，公共卫生服务能力大幅提升，退役军人服务保障、双拥共建、人民防空等工作迈上新台阶，妇女儿童合法权益得到切实保障。

 **硬核知识**

"八个更"

2017年7月26日，习近平总书记在省部级主要领导干部"学习习近平总书记重要讲话精神，迎接党的十九大"专题研讨班开班式上发表重要讲话，指出人民群众的需要呈现多样化多层次多方面的特点，期盼有更好的教育、更稳定的工作、更满意的收入、更可靠的社会保障、更高水平的医疗卫生服务、更舒适的居住条件、更优美的环境、更丰富的精神文化生活。"八个更"涵盖了教育、就业、收入分配、社会保障、医疗保障、住房、环境、精神文化生活等有关民生建设的方方面面，件件都是人民最关心最直接最现实的利益问题。

补齐短板弱项富民。 江苏民生发展整体水平较高，但在某些方面还存在不足，少数领域问题还比较突出。围绕"八个更"要求，持续排查解决突出民生问题，通过改革完善体制机制，加快构建民生领域的现代治理体系，让江苏发展实绩更有"温度"、民生答卷更有"厚度"。加强对困难群众的兜底保障，全力维护人民群众生命财产安全，着力兜牢民生底线；对"一老一小"、医疗卫生、生态环境、群众增收、老旧小区改造、农村人居环境整治、厕所革命、食品药品安全等领域全面排查梳理，着力补齐民生短板，确保全面小康成果得到群众认可、经得起历史检验。针对苏北五市危旧房比较多、村庄整体环境还比较差的局面，江苏按照"四化同步"要求，着眼重构城乡关系，系统解决农民就业、农村环境、基础设施等问题。脱贫致富奔小康工程胜利完成，254.9万建档立卡低收入人口实现年收入6000元目标，821个省定经济薄弱村和12个省级重点帮扶县（区）全部达标，6个重点片区和2个革命老区面貌显著改善。

第三节 "环境美"成色更足

守护好诗意栖居的"鱼米之乡"，既是最普惠的民生福祉，也是最深层的竞争力。"环境美"，就是要拥有自然环境之美、景观特色之美、文化交融之美、城乡协调之美，努力建成人与自然和谐共生、人文与环境交相辉映的美丽江苏。"经济要上台阶，生态文明也要上台阶。""十三五"期间，全省上下始终牢记总书记的谆谆嘱托，认真贯彻习近平生态文明思想，把"环境美"作为矢志前行的核心追求，把绿色发展理念融入高质量发展的战略之中，把生态优先举措化作实现第一个百年奋斗目标的铿锵行动，全力推动生态文明建设迈上新台阶。

重点领域治理绘底色。忆江南，最忆江南水。伴水而生、因水而兴的江苏，10万余平方公里的面积，六分之一面积为水域，江海河湖俱全。然而，快速工业化、城镇化带来的水环境污染，成了江苏人的一块心病。2007年太湖蓝藻暴发引发的水污染危机，让江苏的河长制破茧而出。2016年底，中央作出全面推行河长制的决策部署，江苏先行不骄、领先不怠，迅速开启引领全面推行河长制高质量发展的全新行动，并率先将河长制纳入地方法规。近年来，各地各部门结合碧水保卫战、生态河湖建设等工作，全面推进河湖突出问题治理和长效管护。省委书记、省长担任省级总河长，省委、省政府领导担任流域性重要河道、重点湖泊河长湖长。截至2018年底,全省共落实省市县乡村五级河长5.7万余人,在全国率先交出"每条河流都有河长"的庄严答卷。太湖蓝藻事件发生后,江苏铁腕治污、科学治太,太湖水质稳中趋好,2008年至2020年连续13年实现"两个确保"(确保饮用水安全,确保不发生大面积湖泛),13个设区市及太湖流域县(市、区)基本消除黑臭水体。白马湖退圩退渔还湖14.15万亩,湖区净水面积比2010年增加一倍多。徐州将采煤塌陷地治理建设为城市湖泊湿地,潘安湖等已成为城市水景观,形成"苏北好江南"的美丽景色。"一城河湖清水流"在江苏已经成为常态。

太湖春色

城乡人居环境整治增绿色。环境美,终究要让百姓"看得见山、望得见水、记得住乡愁"。广袤的乡村,是承载乡愁的最好空间。昆山市朱浜村、溧阳市戴南村、徐州市铜山区倪园村、南京市江宁区观音殿村……在江苏走过一座座村庄,田园牧歌式的美景令人流连。为让全省数以万计的村落变得更"美",江苏将农村人居环境整治作为"三农"工作的硬任务和实施乡村振兴战略的第一仗。2018年,启动农村人居环境整治三年行动,全力开展农村厕所革命、生活垃圾治理和生活污水治理,提升村容村貌、提升村庄规划设计水平、提升传统村落建设和管护水平。依据镇村布局规划，引导规划发展村庄拓展人居环境改善的内涵，确保村庄环境长治久洁、不反弹，为村庄留住"传统农家的味道"，融入"现代农业的气息"，打造宜业、宜居、宜游的美丽乡村。从"一城煤灰半城土"到"一城青山半城湖"，从"垃圾围江"到"滨江风光"，从"断壁残垣乱石冈"到"山环水绕桃花源"……在经济快速发展和城镇化快速推进的背景下，江苏较好地保护历史文化遗产，构建完整的历史文化"名城—名镇—名村—街区"保护制度体系，保有全国最多的国家级历史文化名城、名镇和历史文化街区，让大江南北、城乡大地既有诗意又有远方。

2019年7月5日，在阿塞拜疆首都巴库召开的第43届世界遗产大会上，中国黄（渤）海候鸟栖息地（第一期）成功列入《世界遗产名录》，位于江苏省盐城市的该项目成为我国第14处世界自然遗产，填补了全国滨海湿地类自然遗产空白和江苏省自然遗产空白

生态示范创建显成色。 强化生态文明建设，生态示范创建必不可少。江苏在生态示范创建过程中注重因地制宜，突出地方特色，生态文明示范区建设取得显著成效。早在2003年常熟市海虞镇就获得"第一批全国环境优美乡镇"（后更名为"国家级生态乡镇"）称号；2008年全省多个行政村成功创建"第一批国家级生态村"。经过多年不懈努力的创建，全省

的国家级生态乡镇、村数量在全国均位于前列。统筹推进美丽宜居城市和美丽田园乡村建设，城乡人居环境明显改善，国家生态市县、国家生态文明建设示范市县、国家生态园林城市数量居全国前列，中国人居环境奖城市、中国历史文化名城、国家历史文化名镇和中国历史文化街区数量居全国第一。2019年，中国黄（渤）海候鸟栖息地（第一期）（又名"盐城黄海湿地"）成功申报世界自然遗产，填补我国滨海湿地类自然遗产空白。

释疑解惑

问 什么是绿色政绩？

答 随着科学发展理念逐渐深入人心，干部考核的政绩标尺正在发生改变，除了经济增长指标，生态环保指标、节能减排指标、民生改善指标都成为新的考核标准。这种新的政绩考核标准被人们称作"绿色政绩"。

第四节 "社会文明程度高"成效彰显

2017年12月，习近平总书记在视察徐州市贾汪区马庄村时高兴地说，加强精神文明建设在这里看到了实实在在的落实和弘扬，实施乡村振兴战略不能光看农民口袋里票子有多少，更要看农民精神风貌怎么样。"社会文明程度高"，体现在有共同精神家园、良好社会风尚、广泛公平正义、和谐社会秩序，努力实现人的全面发展和社会全面进步。这既是"经济强""百姓富""环境美"的综合体现，也是最终的落脚点，彰显了发展境界，寄托着人民厚望。

> **现场直击**
>
> 第五届"马克思主义·青年说"系列活动开幕式暨南京理工大学专场

　　2021年4月16日，在第五届"马克思主义·青年说"系列活动开幕式暨南京理工大学专场活动上，来自全省高校的300余名青年学子追寻中国共产党百年风华正茂的"青春密码"，从党的非凡历程中汲取马克思主义的真理力量。

思想文化引领全面加强。思想文化是一个国家的灵魂，具有最深沉的精神力量。近年来，江苏高举习近平新时代中国特色社会主义思想的伟大旗帜，坚持以新思想定向领航、从新思想寻策问道，大力加强理论武装，着力构筑思想文化引领高地，为建设"强富美高"新江苏提供强大价值引导力、文化凝聚力、精神推动力的支撑。针对全省各级领导干部，以理论学习中心组为主抓手推动学深悟透、笃信笃行；组织近400万基层党员，每年开展集中冬训；深化理论研究，获批建设习近平新时代中国特色社会主义思想研究中心，打造一批重点新型智库，国家社科基金年度项目立项数量连续6年位居各省区市之首；开展"马克思主义·青年说"活动，建好用好"学习强国"江苏学习平台；组织"百姓名嘴"深入基层宣讲，真正让党的创新理论"飞入寻常百姓家"。

道德风尚建设深入推进。坚持把精神文明建设贯穿全面小康建设始终，着力培育和践行社会主义核心价值观，不断提升人的精神境界和文明素养。落实立德树人根本任务，持续加强未成年人思想道德建设。深化拓展群众性精神文明创建，推动全社会文明程度持续提升。一组数据令人心生温暖——全省创成29个全国文明城市，总数和占比均居全国第一；创成273个全国文明村镇和396个全国文明单位，总数居全国前列；全国文明校园35个、文明家庭37户；2020年，全省社会文明程度测评指数增至90.42。"道德讲堂"在江苏遍地开花，全省建成各类"道德讲堂"近4万个，举办活动50多万场，受众3600多万人次。全省有48个县（市、区）新时代文明实践中心被列为全国和省级试点地区。居民综合阅读率达90.2%。全省注册志愿者860万，注册志愿者人数占城镇常住人口比为15.12%，成为传播文明、引领风尚的美丽风景。江苏人的"精气神"愈加昂扬，一代代奋斗者的价值追求构成了江苏人低调内敛、奋斗实干的精神大厦。

> **成绩单** ★★★★★
>
> 截至2021年6月，江苏全省共有赵亚夫、王继才等5个全国"时代楷模"，72人（组）获评全国道德模范及提名奖，18人入选全国"最美人物"，1350人（组）入选"中国好人榜"……以他们为代表的群体，标注江苏精神文明建设的新高度。

文艺精品创作成果丰硕。"国民之魂，文以化之。"江苏推出一系列举措为文艺生产赋能，着力营造良好文艺生态。推进"文化名家影响力提升行动""文化英才培育行动""文化优青储备行动"，实施江苏文艺"名师带徒"计划，组织系列重大主题创作，有力促进出精品、出人才。设立首期规模为200亿元的大运河文化旅游发展基金，建设中国大运河文化博物馆，举办世界运河城市论坛、大运河文化发展论坛，打造大运河文化带建设中"最精彩的一段"。实施江苏文脉整理与研究工程，举办江南文脉论坛、汉文化论坛，传承弘扬优秀传统文化。积极打造紫金文化艺术节、紫金京昆艺术群英会、紫金合唱节、紫金文创设计大赛等"紫金"系列文化品牌活动，把文化的盛会办成人民的节日。

> 现场直击

江苏省庆祝中国共产党成立100周年群众文艺活动精彩纷呈

重磅声音

> 文化自信,是更基础、更广泛、更深厚的自信。在5000多年文明发展中孕育的中华优秀传统文化,在党和人民伟大斗争中孕育的革命文化和社会主义先进文化,积淀着中华民族最深层的精神追求,代表着中华民族独特的精神标识。
> ——2016年7月1日,习近平总书记在庆祝中国共产党成立95周年大会上的讲话

> 正本清源、守正创新,一个国家、一个民族不能没有灵魂,作为精神事业,文化文艺、哲学社会科学当然就是一个灵魂的创作,一是不能没有,一是不能混乱。
> ——2019年3月4日,习近平总书记在参加全国政协十三届二次会议文化艺术界、社会科学界委员联组会时的讲话

时代特征、中国特色、江苏特质,江苏的文化名片越擦越亮,文化强省建设不断迈上新台阶。只有着力满足人民精神文化生活新期待,不断提升价值引导力、文化凝聚力、精神推动力,才能为高质量发展注入动力、激发活力,更好地推动人的全面发展、社会全面进步,让这片土地上的人们始终洋溢着甜蜜笑容!

 **延伸阅读**

1.《历史性的跨越 决定性的成就——以习近平同志为核心的党中央引领中国"十三五"时期发展纪实》,《人民日报》2020年10月25日
2. 娄勤俭:《走好新的赶考之路》,《求是》2021年第14期

第二章

扛起"争当表率、争做示范、走在前列"历史担当

2020年金秋十月,党的十九届五中全会胜利召开,全面擘画中国未来发展的宏伟蓝图,开启全面建设社会主义现代化国家的新征程。党的十九届五中全会后不久,习近平总书记首次到地方视察便来到江苏,赋予江苏"在改革创新、推动高质量发展上争当表率,在服务全国构建新发展格局上争做示范,在率先实现社会主义现代化上走在前列"的重大历史使命。新征程任重道远,新使命催人奋进。如何融入全国大棋局、作出江苏新贡献,成为江苏"十四五"开局上路的必答题。

第一节 新形势新机遇

"察势者智，驭势者赢。"党的十八大以来，习近平总书记反复强调，我国发展仍处于重要战略机遇期，但机遇和挑战都有新的发展变化。新时代新征程，能否抓住重要战略机遇期，做好我们自己的事，在危机中育新机，于变局中开新局，完成"惊险一跃"，是时代赋予我们的重任。

> **重磅声音**
>
> 领导干部要胸怀两个大局，一个是中华民族伟大复兴的战略全局，一个是世界百年未有之大变局，这是我们谋划工作的基本出发点。
> ——2019年5月21日，习近平总书记在主持召开推动中部地区崛起工作座谈会时的讲话
>
> 历史地看，经济全球化是社会生产力发展的客观要求和科技进步的必然结果，不是哪些人、哪些国家人为造出来的。经济全球化为世界经济增长提供了强劲动力，促进了商品和资本流动、科技和文明进步、各国人民交往。
> ——2017年1月17日（达沃斯），习近平主席在世界经济论坛2017年年会开幕式上的主旨演讲

放眼世界，全球化大潮不可逆转。 当今世界正处于百年未有之大变局，国际环境日趋复杂，世界经济持续低迷，特别是保护主义、单边主义复苏抬头，经济全球化遭遇逆流，世界进入动荡变革期。与此同时，席卷全球

的新冠肺炎疫情更成为猝不及防的叠加变量,促使国际政治、经济、科技、文化、安全格局深刻调整,不稳定性不确定性明显增加,国际局势更加扑朔迷离。

规律不可破,大势不可违。习近平总书记深刻指出:"古往今来,人类从闭塞走向开放、从隔绝走向融合是不可阻挡的时代潮流。"和平与发展仍然是时代主题,世界多极化、经济全球化、文化多样化深入发展,和平、发展、合作、共赢的时代潮流不可逆转。特别是新一轮科技革命和产业变革蓬勃兴起,国家和地区间互惠互补、共生共荣成为最富张力的时代图景。当今世界,你中有我、我中有你,这是谁也阻挡不了的。比如,一部汽车的组装,需要四大洲20多个国家提供部件;一架客机的零部件,来自70多个国家的数百家供应商;18000公里之外的里约热内卢,用着产自中国的手机自拍杆……即便在新冠肺炎疫情阴霾笼罩、全球跨境投资普遍萎靡的背景下,我国与"一带一路"沿线国家的互惠贸易依然保持旺盛势头,仅2021年第一季度沿线国家便在华新设1241家企业,同比大幅上涨44%;实际投资32.5亿美元,同比增长64.6%。"一带一路"的蓬勃生机以雄辩的事实向世人宣告,全球化是大势所趋,构建人类命运共同体是人心所向,各国经济必然要互联成海,而不是画地为牢,这是社会生产力发展的客观要求和科技进步的必然结果。

《区域全面经济伙伴关系协定》

《区域全面经济伙伴关系协定》(Regional Comprehensive Economic Partnership, RCEP)第四次领导人会议于2020年11月15日通过视频方式举行,会上,中国、日本、韩国、澳大利亚、新西兰和东盟十国正式签署了RCEP协定,标志着当前世界上人口最多、经贸规模最大、最具发展潜力的自由贸易区正式启航。《区域全面经济伙伴关系协定》(RCEP)由东盟于2012年发起,历经8年谈判,15个成员国总人口、经济体量、贸易总额均占全球总量约30%。

> 2021年4月15日,中国向东盟秘书长正式交存《区域全面经济伙伴关系协定》(RCEP)核准书。这不仅标志着中国正式完成RCEP核准程序,更意味着亚太地区经济一体化向前迈出了重要一步。
>
> 很多国际机构十分看好RCEP带来的红利。联合国贸发会议研究报告表明,到2025年,RCEP将会给15国成员的出口带来10%以上增长。美国彼得森国际经济研究所测算结果显示,到2030年,RCEP成员国国民收入合计将增长1860亿美元,年出口总额预计额外增长5190亿美元。

2020年11月,《区域全面经济伙伴关系协定》(RCEP)的顺利签署也同样印证了越来越多的国家在经济全球化上形成的共识正在日益加深。作为经济外向度较高的省份,国际环境变化对江苏经济发展产生的影响更大、带来的机遇更多。更全维度、更大纵深的国际合作竞争,将为江苏发挥自身优势、倒逼产业转型、吸引全球资源注入更强动力、搭建更好舞台,为在一些关键领域实现从跟跑、并跑到领跑创造弯道超车的有利条件。

我们必须辩证认识和把握世界大势,统筹中华民族伟大复兴战略全局和世界百年未有之大变局,准确识变、科学应变、主动求变,牢牢掌握经济社会发展主动权,在顺应历史潮流中保持定力、趋利避害。

放眼全国,高质量发展氛围正浓。2008年国际金融危机以来,世界经济在持续疲软的"新平庸"状态中艰难跋涉,西方国家贫富差距扩大、政府债务高企、社会动荡加剧、国内矛盾激化,资本主义制度的先天缺陷暴露无遗。相形之下,中国经济的"新作为"与世界经济的"新平庸"对比鲜明、高下立现,中国经济体量的增长在世界主要经济体中一骑绝尘,对世界经济增长的贡献率连续多年保持在30%左右,日益成为世界经济增长的主要动力源和稳定器。特别是2020年,面对严峻复杂的国内外形势和新冠肺炎疫情的严重冲击,我国国内生产总值增长2.3%,是全球唯一经济正增长的主要经济体。

第二章 | 扛起"争当表率、争做示范、走在前列"历史担当

事有必至，理有固然。中国经济能够稳中向好、量质齐升是中国式发展内生演化、长期积累的必然结果，是中国特色社会主义制度巨大优越性的集中体现。这种"优越性"，在新时代气象万千的伟大实践和世所罕见的发展奇迹中，得到了愈加充分的印证和日益生动的诠释。自助者天助，自强者恒强。显著的制度优势、长期向好的发展势头，是我们勇向涛头立的巨大底气、顶住回头浪的坚强支撑。

高质量发展

2017年，中国共产党第十九次全国代表大会首次提出"高质量发展"表述，党的十九大报告明确指出"我国经济已由高速增长阶段转向高质量发展阶段"。2020年10月，党的十九届五中全会指出，"我国已转向高质量发展阶段"。三年之间，"高质量发展"的定语，从"我国经济"变成了"我国"。这意味着，"高质量发展，就是能够很好满足人民日益增长的美好生活需要的发展，是体现新发展理念的发展，是创新成为第一动力、协调成为内生特点、绿色成为普遍形态、开放成为必由之路、共享成为根本目的的发展。……更明确地说，高质量发展，就是从'有没有'转向'好不好'"。高质量发展不只是一个经济要求，而是对经济社会发展方方面面的总要求；不是只对经济发达地区的要求，而是所有地区发展都必须贯彻的要求；不是一时一事的要求，而是必须长期坚持的要求。

大河有水小河满，踮足高崖好腾飞。背倚国家雄厚的物质基础、

丰富的人力资源、广阔的市场空间、稳定的社会大局，江苏舷头冲浪必然更加基稳底实。特别是党中央作出全面建设社会主义现代化国家的战略部署，更为江苏未来发展开辟了新空间，注入了新动力。只要胸怀"两个大局"，立足国家全局，把江苏未来发展放在全国一盘棋的大格局中谋划推进，更加注重发展支撑和制度保障，就一定能为全面建设社会主义现代化国家扛起江苏责任、贡献江苏力量。

放眼江苏，"苏大强"实力托举自信。 臂长利执戟，翼大好乘风。抓住战略机遇的馈赠还有赖于江苏经济社会发展的"有准备"之手。作为名声在外的"苏大强"，经济综合实力长期稳居国内第二，以占全国1%的国土面积、5.8%的人口数量，创造了超过10%的经济总量。其实至名归之处更在于经济发展的"含金量"之足。如今的江苏，实体经济占经济总量比重超过80%，形成了比较完备的产业体系和全国规模最大的制造业集群，制造业总产值约占全国1/8、全球3%；数字经济、物联网、集成电路、生物医药、人工智能等新兴产业亮点频现，江苏"制造"向江苏"智造"的飒爽换姿正在激活满池春水；高校数量居全国之首，两院院士在各省份中最多，丰沛的科教资源、富集的高层次人才也增加了江苏赢得未来的底气……凡此种种，都是江苏抢抓机遇、乘势而上的强力支撑。

江苏移动携手罗博特科、爱立信成立的5G智能制造联合创新实验室

当前，关键是要辩证看待发展形势，更好强化"危""机"意识。一方面，要看到江苏发展面临着不容忽视的矛盾和问题，特别是发展不平衡不充分的问题仍然比较突出，重点领域关键环节改革任务仍然艰巨，供需两端深层次结构性矛盾仍然存在，核心技术和关键环节"卡脖子"问题亟待突破，产业链供应链安全稳定亟待加强，公共卫生服务短板弱项亟待解决；城乡区域发展和收入分配仍有差距，生态环境治理、节能减排达峰和各类风险防范任务繁重；基础设施仍有短板，社会治理仍存弱项；制约高质量发展的体制性障碍尚未根本消除。这些深层次矛盾和问题必须加大力度、综合施策、系统解决。另一方面，也要看到江苏发展拥有难得的战略机遇。尤其是"一带一路"建设、长江经济带发展、长三角区域一体化发展等国家重大战略叠加交融，为江苏带来了巨大红利，迎来发展更大机遇。江苏在新征程上完全有条件、有能力下好先手棋、打好主动仗、创造新辉煌。

 硬核知识

重要战略机遇期

2002年党的十六大提出，21世纪的头20年对我国来说是一个必须紧紧抓住并且可以大有作为的重要战略机遇期。2020年，中央"十四五"规划建议作出了新的重要判断，指出，当前和今后一个时期我国发展仍然处于重要战略机遇期，但机遇和挑战都有新的发展变化。这里的战略机遇期有两个明显的特点：第一个特点是机遇和挑战前所未有；第二个特点是危中有机、危可转机。

网言网语

> 顺势者兴，乘势者赢，在危机中育新机必须因势而谋、借势发力。
> 发展就是滚石上山、逆水行舟，只要坚持走上坡路、善于开顶风船，就一定能够见证道不远人。

第二节 新阶段新使命

2020年11月，时过深秋，江苏大地却热潮涌动，一派生机盎然。从浩渺长江到悠悠运河，习近平总书记一路指点江山、一路情注社稷，为江苏发展把脉定向、指路引航。"争当表率、争做示范、走在前列"，总书记的殷殷嘱托，奏响了引领江苏"十四五"恢宏启幕的澎湃乐章，鼓舞着8400多万江苏儿女接续奋斗。

党的十九届五中全会庄严宣告："全面建成小康社会、实现第一个百年奋斗目标之后，我们要乘势而上开启全面建设社会主义现代化国家新征程、向第二个百年奋斗目标进军，这标志着我国进入了一个新发展阶段。"新发展阶段明确了我国发展的历史方位，是我们党带领人民迎来从站起来、富起来到强起来历史性跨越的新阶段。作为担负为全国发展探路重任的"优等生"，江苏必须率先发力、勇开新局，在立足新发展阶段、贯彻新发展理念、构建新发展格局上完成"领跑题"、跑出"加速度"。

在改革创新、推动高质量发展上争当表率。惟改革者进，惟创新者强，惟改革创新者胜。高质量发展是一场系统性变革，强调"改革创新"是习近平总书记对江苏推进高质量发展的把脉点穴，是关键的路径指引；"争

当表率",更是在新发展阶段对江苏提出的更高要求,意味着江苏要在新起点上,推动改革创新迈上新台阶、跃上新水平。

科技"硬核"实力要有新跃升。科技是第一生产力。实践反复告诉我们,关键核心技术是买不来、要不来、讨不来的,实现科技自立自强是国家发展的重要战略支撑,着力在科技创新上打造过硬实力是抢占发展制高

 现场直击

江苏科技硬核实力

"神威·太湖之光"超级计算机

"奋斗者"号全海深载人潜水器

2021年8月2日,国内首台建筑构件装配机器人"赤沙号"在中国中铁科工集团江苏南通制造基地下线,填补了我国装配式建筑施工装备领域的一项空白

江苏中交天和机械设备制造有限公司制造的中国最大直径、采用诸多世界首创技术的超大直径泥水平衡盾构机——"运河号"

点的不二选择。科技创新的实力之"硬",必须硬在人无我有、人有我优、人优我特上,必须在关键核心技术上"牵鼻子",在基础研究和原始创新上"执牛耳",在国家战略科技力量培育上"壮筋骨",着力做到在国家创新体系中地位突出、优势突出、贡献突出。江苏的"十四五",把科技创新作为"头号任务"进行全面部署,全力冲刺"科技强省"的目标,深化建设具有全球影响力的产业科技创新中心,力争在全球科技革命和产业变革中意识超前、作为超前、成果超前。

实体经济要有新突破。实体经济是一国发展的根基,是财富创造的源泉,是国家强盛的支柱。从大国到强国,实体经济发展至关重要,任何时候都不能脱实向虚。"十四五"期间,江苏要牢牢守住实体经济这个根本,瞄准"自主可控"这个关键目标,全力打造具有国际竞争力的先进制造业基地,力争在世界级现代产业集群建设上实现新的突破,在加快建设"制造强省"的道路上行稳致远。

市场主体要有新活力。微观主体的活力是高质量发展的源头活水。要让江苏上千万家市场主体活力倍增,必须靠深化改革为市场运行清淤疏堵、除痛解难、加油添薪,需要用更大的魄力、更系统的思路、更精准的办法,让市场的"无形之手"和政府的"有形之手"各展所长,把该放的权放到位,该营造的环境营造好,该制定的规则制定好,让企业家有用武之地。

在服务全国构建新发展格局上争做示范。肯取势者可为人先,能谋势者必有所成。党的十九届五中全会作出了构建以国内大循环为主体、国内国际双循环相互促进的新发展格局的重大部署,这是与时俱进提升我国经济发展水平的战略抉择,也是塑造我国国际经济合作和竞争新优势的战略抉择。江苏既是国内众多产业循环的发起点和联结点,又是融入国际循环的重要通道和有力支点,服务全国构建新发展格局既要牢固树立一盘棋的思想,又要集中力量办好自己的事,在做强"工厂"、做大"市场"上全面突破,为"双循环"活血化瘀、舒经通络。

 **硬核知识**

国内国际双循环

2020年5月14日,中共中央政治局常委会会议首次提出"深化供给侧结构性改革,充分发挥我国超大规模市场优势和内需潜力,构建国内国际双循环相互促进的新发展格局"。之后"新发展格局"在多次重要会议中被提及。《中共中央关于制定国民经济和社会发展第十四个五年规划和二〇三五年远景目标的建议》将"加快构建以国内大循环为主体、国内国际双循环相互促进的新发展格局"纳入其中。构建基于"双循环"的新发展格局反映了中国经济发展的变化,也符合经济发展的基本规律。习近平总书记指出:"新发展格局决不是封闭的国内循环,而是开放的国内国际双循环。推动形成宏大顺畅的国内经济循环,就能更好吸引全球资源要素,既满足国内需求,又提升我国产业技术发展水平,形成参与国际经济合作和竞争新优势。"

要在构建高效内需体系上做文章。让市场的"货架子"与老百姓的"钱袋子"更好对接,形成需求牵引供给、供给创造需求的更高水平动态平衡。就供给端而言,关键是深化供给侧结构性改革,用新技术、新产业、新业态的蓬勃发展助力高品质、多品类的产品输出,大力提升公共产品和服务供给水平,不断提高供给结构对需求变化的适应性和灵活度。就需求侧而论,重点是释放消费需求潜力、提高人民生活品质,打通制约消费需求增长的堵点,激活潜在消费群体的消费意愿,营造便捷消费、实惠消费、放心消费的浓厚氛围,推动消费这架"马车"火力全开、马力十足。

要在提高对外开放水平上做文章。双循环需要"里"应"外"合、内外联动。江苏外向型经济水平全国领先,面向未来需要进一步拉开东西双向开放的格局,全新演绎"买全球""卖全球"的时代乐章,让对外开放的活力因子持续发酵裂变,推动对外开放之门越开越大、开放强省之路越走越宽,逐步由"大进大出"转向"优进优出",构筑起优势充分、吐纳自如的对外开放新高地。

"循环"必须以"流通"为前提,需要各类要素的全面畅通有效加持。因此,牢固树立"大流通"的理念势在必行,围绕综合交通体系、商贸流通体系、应急物流体系建设"软硬"兼施、多维联动,为率先形成新发展格局提供有力支撑。

在率先实现社会主义现代化上走在前列。早在2009年4月,习近平同志在江苏调研时就指出:"像昆山这样的地方包括苏州,现代化是一个可以去勾画的目标。"2014年12月,习近平总书记视察江苏时强调,江苏要在扎实做好全面建成小康社会各项工作的基础上,积极探索开启基本实现现代化建设新征程这篇大文章。在总书记的关怀激励下,江苏现代化建设试点工作如火如荼、步伐稳健。新时代新征程,更要突出"率先"二字,巩固放大先行先试优势,探索形成现代化建设的战略路径和现实模样。这个"模样"必须富有中国魅力,必须体现引领效力。

在人的全面发展上走在前列。实现现代化,人既是实践主体,也是价值本源,更是终极归宿。推动人的现代化是江苏率先实现现代化的题中之义,要让普通大众职业发展有更多机会、能力提升有更多平台、价值实现有更多路径,形成人人渴望成才、人人努力成才、人人皆可成才、人人尽展其才的生动局面,打造新时代追梦、筑梦、圆梦的理想高地。

在共同富裕上走在前列。治国有常,利民为本。在社会主义的语境下,"共同"与"富裕"犹如车之双轮、鸟之双翼。江苏探索现代化首先就要聚焦这个根本原则,把提升人民收入水平、调节收入分配结构、均衡基本公共服务作为关键之举,打造中等收入群体不断扩大的幸福"橄榄",实现民生保障领域的阳光普照,让改革发展成果更多更公平惠及全体人民。

在物质文明和精神文明相协调上走在前列。实现中华民族伟大复兴,比以往任何时候都更加需要思想的引领、精神的支撑,"两手抓,两手都要硬"的要求永不过时。江苏的现代化既要家家仓廪实衣食足,也要人人知礼节明荣辱；既要"富口袋"，又要"富脑袋"，让中华民族优秀传统文化、社会主义先进文化交相辉映、相得益彰，为江苏人民提供更多物质保障和更强精神动力。

在人与自然和谐共生上走在前列。生态兴才有文明兴，生态好才能生活好。江苏的现代化必须是"绿"色打底、"绿"意盎然的现代化。要全面奏响生产生活方式绿色转型的时代强音，全力打造生态环境保护修复的示范样板，治标治本协同发力，培根强基久久为功，坚定不移走好生产发展、生活富裕、生态良好"三生共赢"的文明发展道路。

第三节 新要求新目标

开门问计、集思广益，通盘筹谋、十易其稿，《江苏省国民经济和社会发展第十四个五年规划和二〇三五年远景目标纲要》（以下简称《纲要》）在历经一年十个月的酝酿打磨后于2021年2月正式发布。江苏未来什么样？奋进之路怎么走？《纲要》的字里行间既有宏观描摹的"大写意"，又有细腻呈现的"工笔画"，"强富美高"新江苏的瑰丽图景在一个个具体目标的勾勒中呼之欲出。

矩正可为方，规正可为圆。党的十九届五中全会用"坚持党的全面领导""坚持以人民为中心""坚持新发展理念""坚持深化改革开放""坚持系统观念"为奋斗"十四五"画出了"规""矩"、明确了原则。江苏

的蓝图绘制和发展推进必须在"五个坚持"的指导下运笔挥毫、奋楫驭舟。同时也要看到,江苏在全国大局中地位重要、发展领先,在全面建设社会主义现代化的新征程上使命如磐、责任更重。我们既需要保持锐气、解放思想,学深悟透习近平新时代中国特色社会主义思想,努力做到知其然、知其所以然、知其所以必然,着力摆脱路径依赖和思维定式,着力避免身体进入新时代、思想停在过去时,努力以新思想催生新创造,以新创造打开新局面,也需要稳字当头、稳中求进,要看到前方美景在望,但道途风险犹存,必须擎矛持盾、善守善攻,在坚决守住稳定、安全、生态、廉政四条底线的前提下保证"稳"的主基调,在质量变革、效率变革、动力变革的活力释放中保持"进"的大方向,实现更高质量、更有效率、更加公平、更可持续、更为安全的发展。既需要立足实际、把握规律,善于鉴往知今、析势明道,加强对社会主要矛盾转化、科技革命和产业变革、世界发展进步、中国特色社会主义建设等重大规律的研究和把握,不断提高贯彻新发展理念、构建新发展格局、实现高质量发展的能力和水平,也需要着眼未来先行先试。"争当表率、争做示范、走在前列",无一不是对探路者的激励鞭策,无一不是对先行军的击鼓催征,要的就是"在没有路的地方蹚出一条新路,在没有先例的领域率先做出成功案例",以区域性实践为全国现代化建设先行探路、积累经验。同时,还要抓准抓牢抓实全局性战略抓手,在利全局、关要害的关节点上深入筹谋、精准发力,实现一子落而带全盘、一卷解而众篇明。

未来可期,近祉可得。"新要求"让我们明心启智,"新目标"更令人心驰神往。在长短焦距的完美切换中,《纲要》将十五年远景、五年近景的斑斓画卷渐次铺展,"强富美高"新江苏的立体画像血肉饱满、纹理分明。

——**展望2035年**,江苏将率先与基本实现社会主义现代化胜利"握手",诸多与现代化相关的美好愿景都将在江苏的发展成效中得到充分诠释。"人均地区生产总值在2020年基础上实现翻一番,居民人均收入实现翻一番以上"。两个"翻一番",通俗简洁却力重千钧,一个体现经济总量,一个事关民生福祉,将为实现共同富裕构筑起最坚实的物质支撑。经济实力、科技实力、综合竞争力大幅跃升,新型工业化、信息化、城镇化和农业现代化同步"兑现",法治江苏、智慧江苏、健康江苏、平安江苏、诚信江苏建设水平全面"拔节",文化强省、教育强省、科技强省、人才强省、体育强省等更加实至名归,一个契合中国特色社会主义本质特征的现代化将在江苏大地上展现出生动具体的现实图景。

 硬核知识

党的十九大提出的新"两步走"战略安排

2017年党的十九大明确了全面建设社会主义现代化国家的新"两步走"战略安排:第一步,2020年到2035年,在全面建成小康社会的基础上,基本实现社会主义现代化;第二步,2035年到21世纪中叶,在基本实现现代化的基础上,把我国建成富强民主文明和谐美丽的社会主义现代化强国。

——**透视"十四五"**,高质量发展迈上新台阶、高品质生活取得新成果、高效能治理实现新提升、美丽江苏展现新面貌、社会文明达到新水平、改革开放形成新优势,"六个新"勾勒出简洁明丽的宏图概览,标定了五年规划的奋斗航标。履践致远,通往社会主义现代化的路基将全面夯实,"强富美高"新江苏的四梁八柱将进一步加固。

高质量发展迈上新台阶。"地区生产总值年均增长5.5%左右,到2025年人均地区生产总值超过15万元。"明确量化的增速指标背后,既有在"大体量"基础上高阶进位的自加压力,更有为高质量发展留足空间的战略考量。未来五年,江苏经济的量质齐升,既锁定"创新"来挂帅——基本建成具有全球影响力的产业科技创新中心、具有国际竞争力的先进制造业基地、具有世界聚合力的双向开放枢纽,推动江苏区域创新能力进入创新型国家前列水平,又确保"协调"不缺席——推动跨江融合、南北联动、江海河湖统筹发展格局基本形成,让城乡区域协调发展带出更强节奏,苏南苏中苏北各显其长,百花齐放、万物竞芳的生动局面将得到更好演绎。

高品质生活取得新成果。人民群众的获得感、幸福感、安全感,是衡量现代化建设成果的最好尺度。纵观"十四五","就业"这个最大的民生、"收入"这个最现实的福祉将得到高度聚焦。居民人均可支配收入年均增长5.5%左右,中等收入群体比重明显提高,低收入群体增收长效机制基本建立,就业更加充分更有质量,条条紧扣人民群众对美好生活的向往,句句诠释社会主义现代化的价值追求;构建优质均衡的公共服务体系、高质量全覆盖的社会保障体系,每千人口拥有3岁以下婴幼儿托位数达到4.5个,接受上门服务的居家老年人数占比达到18%,每千人口拥有执业(助理)医师数达到3.9人……事关幸福的桩桩件件,无一不在蓝图之列,江苏人民见证的将是"好日子"节节拔高的奋斗历程。

高效能治理实现新提升。营造和谐稳定的社会环境既是发展的基础条件,也是发展的题中之义,高效的现代治理成为统筹发展和安全的重要保证。未来五年,江苏将为高效能治理作出更深注解:民主与法治珠璧同辉,社会公平正义奏出更强音符,法治建设满意度达到90%以上;防范化解重大风险体制机制不断健全,保障人民生命财产安全的堤坝更加坚实,公众安全感达到95%以上;突出公共事件应急能力全面增强,防灾抗灾救灾能力明显提升,治理体系和治理能力现代化水平稳步提高。

美丽江苏展现新面貌。良好的生态环境是最公平的公共产品,也是最普惠的民生福祉。建成"美丽中国示范省份"的高标准定位,宣示了江苏在"十四五"阶段擦亮生态底色的坚定决心,美丽江苏将以更高"颜值"对"绿水青山就是金山银山"作出生动诠释。美好"颜值"的标准之高,既在于美得可观可感,自然风光更加旖旎,水韵特色越发鲜明,人与自然相得益彰,望得见山、看得到水、记得住乡愁,又在于美得实来惠至,生态环境质量明显改善,城乡生活环境更加宜居,地表水达到或好于Ⅲ类水体比例达到87%,地级及以上城市空气质量优良天数比例达到82%,天更蓝、地更绿、水更清。未来五年,江苏绿色发展活力持续增强,自然生态之美、城乡宜居之美、水韵人文之美、绿色发展之美初步彰显。

社会文明达到新水平。文明是现代化国家的显著标志。江苏崇文重教、诗文天下古有盛名,更将在"十四五"写下精神文明与物质文明比翼齐飞的华彩篇章。社会主义核心价值观深入人心,全省人民思想道德素质、科学文化素质和身心健康素质明显提高,社会文明程度测评指数达到90以上;公共文化服务提质增效,文化产业体系更加健全,文化产业增加值占地区生产总值比重提升到6%以上,文化供给与群众需求的衔接更加紧密顺畅,"文化强省"的标签更加璀璨夺目,江苏软实力将增添更多硬核元素。

改革开放形成新优势。当前,改革已经到了系统集成、整体推进阶段。未来五年,江苏在深化改革上将展现更大魄力。重点领域改革形成特色品牌,高标准市场体系基本建成,要素市场化配置更加健全,市场主体活力竞相迸发、公平竞争制度更加完备、营商环境更加优化;在扩大开放上将实现更大跨越,高水平开放型经济新体制基本形成,陆海内外联动、东西双向互济的开放格局加快建立,江苏将以更高的姿态、更突出的作为,在国内大循环中发挥重要战略支点作用,在国内国际双循环中发挥重要战略枢纽作用。

1.习近平:《把握新发展阶段,贯彻新发展理念,构建新发展格局》,《求是》2021年第9期
2.娄勤俭:《争当表率 争做示范 走在前列》,《人民日报》2021年1月13日
3.《中共江苏省委关于制定江苏省国民经济和社会发展第十四个五年规划和二〇三五年远景目标的建议》,《新华日报》2020年12月28日
4.《江苏省国民经济和社会发展第十四个五年规划和二〇三五年远景目标纲要》,江苏人民出版社2021年版

第三章 推动经济高质量发展

新中国成立初期,毛泽东曾感慨地说:"现在我们能造什么?能造桌子椅子,能造茶碗茶壶,能种粮食,还能磨成面粉,还能造纸,但是,一辆汽车、一架飞机、一辆坦克、一辆拖拉机都不能造。"如今,中国高铁、飞机、电脑等高端产品享誉世界,在国际产业格局中占有举足轻重的地位。从"中国制造"到"中国质造",一字之差,生动反映了中国主动提升质量和效益所作出的努力。

第一节 深入实施创新驱动发展战略

"蛟龙"号、"深海勇士"号、"奋斗者"号……在深海技术科学太湖实验室广场上,一件件"大国重器"1∶1模型一字排开,展示了中国船舶七〇二所多年来的重大科研成果。依托七〇二所建立的太湖实验室,自2020年12月30日揭牌以来,持续向科研更高处攀登且成果不断。2021年7月25日至8月3日,深海采矿装备成功完成1300米海试,标志着我国自主实施深海采矿又迈出了坚实一步!像太湖实验室一样,紫金山实验室、姑苏实验室、超算无锡中心等一个个重大科技创新平台捷报频传,一项项关键核心技术喜获突破,目前我国15.1%的领跑技术分布在江苏。这一切成果,都得益于江苏深入实施创新驱动发展战略,高质量建设创新型省份。

2020年12月30日,深海技术科学太湖实验室在无锡中国船舶七〇二所正式揭牌成立。图为2021年5月22日正式启用的深海技术科学太湖实验室大楼

党的十八大以来,以习近平同志为核心的党中央高瞻远瞩、审时度势,对科技创新进行了全局谋划和系统部署,对科技创新提出一系列新论断、新要求。2021年5月,习近平总书记强调,要面向世界科技前沿、面向经济主战场、面向国家重大需求、面向人民生命健康,深入实施科教兴国战略、

人才强国战略、创新驱动发展战略，把握大势、抢占先机，直面问题、迎难而上，完善国家创新体系，加快建设科技强国，实现高水平科技自立自强。深刻阐明了新时期我国科技发展的一系列重大问题，向全国科技界发出了新的动员令。

江苏是科教大省，科技创新各方面工作都走在了全国前列，是创新活力最强、创新成果最多、创新氛围最浓的省份之一，在我国创新发展大局中占有重要地位、肩负重大使命。进入新发展阶段，我们必须强化科技的战略支撑地位，以高水平科技自立自强为战略基点，以加快建设科技强省为奋斗目标，聚焦建设具有全球影响力的产业科技创新中心，努力在攻克关键核心技术、培育战略科技力量、支撑低碳高质量发展、深化体制机制改革上作出先行示范，勇当我国科技和产业创新开路先锋。力争到2025年底，全省全社会研发投入占地区生产总值的比重达3.2%，高新技术产业产值占规模以上工业总产值比重达50%左右，每万人口拥有高价值发明专利数量超过17件，为奋力谱写好"强富美高"新江苏现代化新篇章提供有力支撑。

加强关键核心技术攻坚。关键核心技术是要不来、买不来、讨不来的。只有把关键核心技术掌握在自己手中，才能从根本上保障国家经济安全、国防安全和其他安全。近年来，面对外部打压等严峻挑战，江苏持续加强关键核心技术攻关，攻克了国际领先的万米级深海石油钻井平台技术、国际同步的超大规模集成电路封装技术等一大批产业核心技术，成为我国唯一连续两年获得国家最高科学技术奖的省份。"十四五"时期，江苏将坚决打好关键核心技术攻坚战，主攻最有基础、最有优势的领域，努力实现产业链供应链的自主安全可控。在基础研究方面，组织实施一批周期长、风险大、难度高、前景好的重大基础研究项目，加快弄通重点领域"卡脖子"技术基础理论和技术原理。在关键核心技术攻关方面，重点围绕集成电路、人工智能、高端装备、先进材料、生物医药等领域，组织实施一批战略性、前沿性的重大科技攻关项目，加快突破一批关键核心技术瓶颈制约，研发培育一批自主创新重大战略产品。在科研组织模式方面，持续深化"揭榜挂帅"攻关机制，探索实行"赛马"制，加快形成跨学科跨领域、产学研用高效协同的科技攻关体系。

 硬核知识

揭榜挂帅

近年来，江苏围绕发挥市场配置资源的决定性作用，积极探索了四类"揭榜挂帅"攻关的新机制新模式，相关经验做法得到国务院领导批示肯定并予以推广。

任务定榜、挂帅揭榜：围绕攻克"卡脖子"技术的目标导向，张榜公布了大尺寸氮化镓材料等8个重大任务专题，面向全社会组织"揭榜攻关"。新冠肺炎疫情期间，对标美国霍尼韦尔传感器技术指标，发布"呼吸机用传感器芯片国产化研发"榜单，已有两家企业完成原型样品研发，基础性能全部达到或超过进口芯片。

前沿引榜、团队揭榜：围绕重大科学前沿或重大产业前瞻问题，支持顶尖科学家组建团队揭榜实施7项重大基础研究项目，赋予科学家自主确定研究方向、自主设置研究课题、自主选聘科研团队、自主安排经费使用等充分的科研自主权。

企业出榜、全球揭榜：发挥省产业技术研究院改革"试验田"和"创新纽带"作用，与龙头企业共建113家企业联合创新中心，由企业提出重大关键核心技术难题、由企业出资开出"技术需求榜单"，在全球范围寻找"揭榜英雄"，累计成功揭榜技术166项、合同金额7.71亿元。

需求张榜、在线揭榜：依托省技术产权交易市场率先建成集"需求张榜、在线揭榜"功能于一体的线上平台。2020年，张榜发布各类企业需求榜单400余个，悬赏金额累计超3.8亿元，单个技术需求悬赏金额超500万元的16个。

培育国家战略科技力量。世界科技强国竞争，比拼的就是国家战略科技力量。比如，美国阿贡、洛斯阿拉莫斯、劳伦斯伯克利等国家实验室和

德国亥姆霍兹研究中心等，均是围绕国家使命，依靠跨学科、大协作和高强度支持开展协同创新的研究基地，已成为主要发达国家抢占科技创新制高点的重要载体。江苏将坚持使命导向、任务导向，积极培育国家战略科技力量，加快建设以省产业技术研究院为引领，以紫金山实验室、姑苏实验室、太湖实验室三大省实验室为基础，以10家省级以上技术创新中心为骨干，以N家工程技术创新平台为桥梁的"1+3+10+N"科技创新平台体系，着力在江苏创新"高原"上竖起更多"高峰"。

释疑解惑

问 什么是"1+3+10+N"？

答 "1"，就是高质量建设省产业技术研究院，实施省产研院改革再出发工程，努力建成世界一流的产业技术研发机构。"3"，就是高标准建设3家省实验室，打造突破型、引领型、平台型一体化的大型综合性研究基地。"10"，就是在深入推进国家生物药技术创新中心、国家第三代半导体技术创新中心建设的基础上，高起点建设10个技术创新中心。"N"，就是探索建设N家工程技术创新平台，加强多学科融合的现代工程和交叉领域创新。

硬核知识

国家战略科技力量

国家实验室、国家科研机构、高水平研究型大学、科技领军企业都是国家战略科技力量的重要组成部分。

国家实验室：按照"四个面向"的要求，紧跟世界科技发展大势，适应我国发展对科技发展提出的使命任务，多出战略性、关键性重大科技成果。

国家科研机构：以国家战略需求为导向，着力解决影响制约国家发展全局和长远利益的重大科技问题，加快建设原始创新策源地，加快突破关键核心技术。

高水平研究型大学：强化同国家战略目标、战略任务的对接，加强基础前沿探索和关键技术突破,培养更多杰出人才。

科技领军企业:发挥市场需求、集成创新、组织平台的优势,整合集聚创新资源,形成跨领域、大协作、高强度的创新基地,提升我国产业基础能力和产业链现代化水平。

实施"双碳"科技支撑行动。 为应对气候变化,我国提出"二氧化碳排放力争于2030年前达到峰值,努力争取2060年前实现碳中和"的奋斗目标。这是我国对国际社会的承诺,也是对国内的动员令。实现碳达峰碳中和,其根本出路在于技术创新。为了贯彻落实"江苏要努力在全国率先实现碳达峰的目标",江苏将研究制定江苏省碳达峰碳中和科技支撑行动方案,加快科技和产业创新步伐,着力构建低碳绿色发展的技术创新体系,为实现碳达峰碳中和提供强大支撑。组织实施碳达峰碳中和科技创新专项,突破关键核心技术和制备工艺,率先在全国作出引领示范;聚焦太阳能光伏、钢铁低碳发展等江苏优势产业领域,布局建设技术创新中心,推动建设碳达峰碳中和科技创新研究中心等重点平台;支持徐州创建国家可持续发展议程创新示范区,组织国家高新区实施绿色发展专项行动,开展绿色发展"十百千"示范工程等。

深化科技体制机制改革。 如果把科技创新比作发展的新引擎,那么改革就是点燃这个新引擎必不可少的点火系。江苏将坚持科技创新和体制机制创新"双轮驱动",持续深化体制机制改革,积极构建支持全面创新的基础制度,全面激发创新创业创造活力和动力。围绕优化科技资源配置,充分发挥政府作为重大科技创新组织者的作用,推动有效市场和有为政府更好结合,努力把政府、市场、社会等各方面力量拧成一股绳,形成创新合力。围绕培育创新型企业,实施新一轮创新型领军企业培育行动,加快构建龙头企业牵头、高校院所支撑、各创新主体协同的创新联合体,开展跨领域、大协作、高强度的联合创新,提升江苏产业创新力和竞争力。围绕开放创新,深化与创新大国和关键小国的产业研发合作关系,聚焦气候变化、能源转型等热点问题,积极参与国际大科学计划和大科学工程,重点建设跨学科交叉、跨领域融合的科技公共服务平台。围绕促进区域创新发展,进一步创新苏南自创区集群化、一体化发展体制机制,构建城市群协同创新共同体;推进高新区高质量发展,统筹推进建设沿海科技走廊和沿江产业技术研发带,形成区域创新发展新格局。

硬核知识

科技改革30条

2018年8月,江苏省委、省政府出台《关于深化科技体制机制改革推动高质量发展若干政策》,提出"科技改革30条",下决心动真格破除体制机制障碍,其中近八成政策在全国具有一定的突破性。

"科技改革30条"分为4个部分共30条,主要政策突破点包括:

第一部分,着力改革科研管理体制。以"实现从重过程向重结果的转变"为导向,重点对科研项目资金管理进行改革优化。主要突破点集中在四个环节:经费预算环节、经费使用环节、项目管理环节、绩效评价环节。

第二部分,着力扩大高校院所科研自主权。以激励科技人员创新活力为导向,进一步加大简政放权力度,能放宽的一律放宽,能简化的一律简化,能提速的一律提速。主要突破点集中在四个方面:横向经费管理方面、基建方面、因公临时出国方面、用人自主权方面。

第二部分,着力推进科技与产业融合发展。强化战略导向和目标导向,以成果创造和成果转化为重点,进一步增强高质量发展的新动能。主要突破点集中在三个方面:一是围绕重大成果创造,遴选顶尖的领衔科学家;二是围绕重大成果转化,对企业研发转化具有自主知识产权的科技成果,由省成果转化资金给予同等力度支持;三是围绕保障成果创造和转化,建立健全财政科技投入增长机制。

第四部分,着力营造激励创新宽容失败的浓厚氛围。主要突破点是率先建立奖励机制、补偿机制、援助机制、免责机制和共享机制五个机制,让科技人员有信心、有耐心、有定力地开展自主创新。

激发人才创新创造活力。人才是第一资源。科技强省,离不开一批高素质的人才队伍。坚持产才融合,以产聚才,以才兴产,集聚一批"高精尖缺"的战略科技人才、科技领军人才和创新团队,造就一批高水平工程师、高技能人才和高层次跨专业实干型人才。发挥企业家、产业工人、乡土人才在技术创新中的作用,造就一支懂技术会创新的人才队伍。实施顶尖人才顶级支持计划,实行"一事一议""一人一策",加快集聚一批跨学科、交叉融合的基础研究创新人才和旗舰团队。坚决破除"唯论文、唯职称、唯学历、唯奖项",建立健全以创新能力、质量、实效、贡献为导向的科技人才评价机制。

第二节　着力提升制造业核心竞争力

党的十九大后,习近平总书记首次地方调研就来到了徐工集团重型机械有限公司,并饶有兴致地登上徐工自主研发的XCA220型全地面轮式起重机驾驶室。总书记指出,必须始终高度重视发展壮大实体经济,抓实体经济一定要抓好制造业。装备制造业是制造业的脊梁,要加大投入、加强研发、加快发展,努力占领世界制高点、掌控技术话语权,使我国成为现代装备制造业大国。

制造业是立国之本、强国之基,是一个国家和地区综合竞争力的根本体现。江苏是经济大省,也是制造业大省,产业门类齐全,制造业规模与韩国相当、稳居全国前列,对地区生产总值的贡献接近50%。面向"十四五",要聚焦自主创新、融合赋能、绿色集约、提质增效,以先进制造业集群和重点产业链培育为引领,推动制造业高质量发展争当表率,加快建设具有国际竞争力的先进制造业基地。

第三章 | 推动经济高质量发展

徐工集团及其自主研发的 XCA220 型全地面轮式起重机

产业集群化。制造业集群化是现代产业发展的重要组织形式，是地区经济发展的主导力量，也是参与国际经济竞争的战略性力量。从世界范围来看，经济发达的国家和地区往往产业集群发展的优势也比较突出。"十四五"时期，江苏要聚焦新型电力和新能源装备、工程机械和农业机械、物联网、高端新材料、高端纺织、生物医药、新型医疗器械、集成电路与新型显示、信息通信、新能源（智能网联）汽车、核心软件、新兴数字产业等16个先进制造业集群和重点产业链，省市县联动协同，实施"531"产业链递进培育工程，加快产业链供应链高效协同、大中小企业紧密合作、产业资源整合优化，充分发挥集群发展促进机构作用，全面提升重点集群和产业链竞争力，打造培育1个综合实力国际领先、5个综合实力国际先进、10个综合实力国内领先的先进制造业产业集群。

> **释疑解惑**
>
> **问** 什么是"531"产业链递进培育工程？
>
> **答** "531"产业链递进培育工程，即着力培育50条重点产业链，做强30条优势产业链，推动10条卓越产业链快速提升。

创新高水平。 自主创新是制造业迈向中高端的必由之路。发达国家经验表明，企业作为市场主体，最善于发现和把握市场对创新的需求和方向，是创新投入的主体、开展技术创新活动的主体，也是技术创新风险的承担者、创新收益的享有者。近年来，江苏大力推进制造业创新，已拥有2家国家制造业创新中心，占全国1/8，一批省级制造业创新中心正力争进入"国家队"。"十四五"期间，提升制造业创新能力，就是要以产业需求、市场需求为导向，推动创新资源向企业集聚，建设制造业创新中心等新型研发载体、企业技术中心等研发机构，引导和支持有条件的企业开展核心部件、基础材料、基础软件等关键核心技术攻关，实现创新目标由企业确定、创新要素由企业整合、创新成果与企业共享，最终形成以企业为主体的产业创新体系。比如，连云港恒瑞医药国家级企业技术中心，先后在苏州、上海、南京、成都和美国设立了研发中心和临床医学部，研发投入年均增长20%以上、研发投入强度达到17.8%，是国内医药行业创新能力最强、市值最高的医药行业领军企业。再比如，苏州同元软控在政府的支持下对"系统仿真与机电液控专业仿真软件"开展攻关，解决了复杂装备的数字化专业仿真分析与系统仿真验证问题，彻底打破国外对专业仿真软件的垄断。

制造高效率。江苏传统制造业比重较高,转型升级任务较重。顺应新一轮科技革命和产业变革趋势,促进新一代信息技术与制造业深度融合,是江苏制造业加快转型升级的重要"机会窗口"。经过多年努力,2020年江苏两化融合发展水平指数达到63.2,部分企业已经依托工业互联网平台实现了跨企业、跨行业、跨区域的业务协同和模式创新,但面广量大的中小企业还远远没有实现"数字化制造",甚至部分中小企业还需要完成信息化补课。要顺应数字化时代要求,以智能制造为主攻方向,针对不同类型、不同发展阶段的企业分类施策,引导企业建设智能车间、智能制造示范工厂,壮大云计算、大数据、区块链、人工智能等新兴数字产业支撑,加快制造模式和企业形态变革,实现制造效率提升和价值链攀升。比如,常州天合光能通过实施电池片生产全流程数字化改造,产品A品率由40%左右提升至47%、达到国际领先水平,仅这一项每年就为企业增加上千万的利润。再比如,南京钢铁集团通过运用人工智能、云边协同、大数据、5G、物联网等新一代信息技术,自主建设"JIT(准时制生产方式)+C2M(客户对工厂)"智能工厂,为下游终端用户提供个性化定制服务,实现像生产消费品一样生产钢铁工业产品,比传统加工企业交付周期缩短2/3、整体效率提升10倍、加工成本降低20%。

近几年,光伏组件步入超高功率时代。自2011年起,至2021年7月,天合光能股份有限公司晶硅电池效率及组件功率输出已21次打破世界纪录,实现全球性的突破

供给高质量。以满足人民美好生活需要为方向，提升优质制造供给能力，是制造业承担的重要使命。知名企业和著名品牌是优质制造的形象和标志，也在很大程度上反映了一个地区、一个产业的竞争力和影响力。江苏部分企业在品牌培育方面取得了较好成效，如工程机械行业的徐工、医药行业的恒瑞和药明康德、服装行业的波司登、儿童用品的好孩子等，都是各个行业的代表，但名企名牌还不多，与发达国家和地区相比还有不小差距。要瞄准世界一流企业，实施龙头企业"百企引航"、专精特新企业"千企升级"行动计划，通过产品创新、模式变革、兼并重组等，形成一批具有国际影响力的产业生态主导型和"链主型"企业、掌握独门绝技的"单打冠军"或"配套专家"。鼓励和支持企业重视以质量为基础的品牌建设，在扩大对外开放、积极参与国际竞争中锤炼品牌，提升江苏制造区域品牌的影响力和美誉度。

环境更友好。江苏是能源消费和碳排放大省，实现碳达峰碳中和，任务更重，要求更高。我们必须坚持绿色低碳循环发展，坚定不移地深化产业结构调整，构建绿色制造体系，提高再生能源利用比重，加快绿色制造技术攻关突破，大幅提升重点行业节能、降碳、清洁生产水平，着力构建绿色低碳循环发展经济。比如，苏州明志科技自主研发无机砂芯及成套装备，实现了这一领域的国产化替代，帮助企业生产过程中有害气体排放减少94%，该技术还在保加利亚 Montupet、诺玛科、温州瑞明、武汉锦瑞、湖北航特等多个企业推广应用。再比如，永钢集团先后投资20多亿，从"水、气、声、渣"各个方面实施节能减排改造，实现了二氧化硫、氮氧化物、烟尘超低排放。

第三节 加快发展现代服务业

如今,很多人的一天是这样度过的:清晨,一键下单早餐外卖,出门扫码骑车便捷出行;中午,在电商平台上购置生活所需;晚上,或上一次"云课堂",或来一场"云健身"……互联网、云计算、大数据等现代信息技术与服务业加速融合,正改变着人们的日常生活。线上旅游、远程办公、电商购物、上门家政、智能工厂……从线上到线下,从日常消费到生产领域,服务业新动能不断孕育,活力和实力不断增强,以"互联网+"为标志的新兴服务业高速成长。

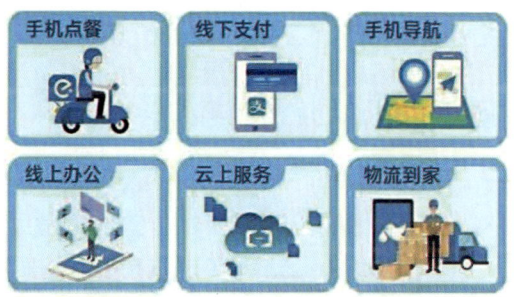

数字生活从城市向农村延伸,数字服务24小时不打烊

近年来,新一轮科技革命和产业变革孕育兴起,带动了数字技术强势崛起,促进了产业深度融合,引领了服务经济蓬勃发展。"十三五"时期,江苏现代服务业不断领跑经济增长,并实现突破全省经济总量的半壁江山,全省科技服务业、软件和信息服务业实现收入破万亿,商务服务、现代金融、现代物流发展水平继续保持全国前列。2020年,全省服务业增加值占全国近10%,以服务经济为主体的现代产业体系正在加快形成。今后一个时期,

要着力强化"江苏服务"的国内标杆引领作用,构建"775"现代服务产业体系,大力实施"331"专项工程,进一步彰显全省现代服务业核心竞争力和综合发展优势,到2025年,服务业增加值达到7万亿元左右规模,基本建成国际一流、国内领先的现代服务业高地。

释疑解惑

问 什么是"775"现代服务产业体系?

答 "十四五"期间,江苏加快构建优质高效、布局优化、竞争力强的"775"现代服务产业体系,主攻发展7个具有竞争力的优势型服务产业,壮大发展7个具有高成长性的成长型服务产业,突破发展5个具有前瞻性的先导型服务产业,为江苏实现经济高质量发展提供有力支撑。7个优势型服务产业包括科技服务、软件和信息服务、金融服务、现代物流、商务服务、现代商贸、文化旅游;7个成长型服务产业包括健康服务、养老服务、教育培训、家庭服务、体育服务、人力资源服务、节能环保服务;5个先导型服务产业包括大数据服务、工业互联网应用服务、人工智能服务、全产业链工业设计、现代供应链管理。

问 什么是现代服务业"331"专项工程?

答 "十四五"期间,围绕江苏现代服务业发展需求,实施现代服务业高质量发展领军企业培育、现代服务业高质量发展集聚示范及两业融合发展标杆引领三大工程,培育省级现代服务业高质量发展领军企业300家、省级现代服务业高质量发展集聚示范区300家、省级两业融合发展标杆引领典型100家。

大力发展生产性服务业。生产性服务业具有专业性强、创新活跃、产业融合度高、带动作用明显等特点,是推动产业升级的重要"利器",是全球产业竞争的战略制高点。"十三五"时期,江苏深入实施生产性服务业"双百工程",在全国率先启动开展先进制造业和现代服务业深度融合试点,生产性服务业增加值占服务业的比重达到55%。"十四五"时期,将实施生产性服务业十年倍增计划，推动生产性服务业向专业化和价值链高端延伸。围绕全产业链整合优化，积极发展工业设计、科技服务、现代物流、信息技术服务、节能环保服务、供应链管理等现代服务业，带动制造业流程再造、模式创新、质态提升。深入实施专业服务提质增效行动，促进金融服务、商务服务、会展经济、法律服务等服务水平提升。增强总部经济发展能级，引导企业抓住国内国际双循环有利时机，加强研发中心、运营中心、结算中心、销售中心等建设，提升市场化、国际化、资本化运营能力，打造生产服务、销售管理、决策运营、科技研发等功能性总部。

 **硬核知识**

总部经济

总部经济是指一些区域由于特有的优势资源吸引企业总部集群布局，形成总部集聚效应，并通过"总部—制造基地"功能链条辐射带动生产制造基地所在区域发展，由此实现不同区域分工协作、资源优化配置的一种经济形态。

总部经济作为一种新的经济形态，符合科学发展观的要求，对提升我国自主创新能力，推动城市经济转型升级，加快区域合作发展，提升我国在全球价值链体系中地位具有重要的战略意义。

做精做优生活性服务业。 生活性服务业有效满足人民日常生活需要，领域宽、范围广，涉及人民群众生活的方方面面，与经济社会发展密切相关，在吸纳社会就业人口、稳定经济增长上作用十分突出。要顺应生活方式改变和消费升级趋势，加快健康、养老、育幼、文化、旅游、体育、家政、物业等生活性服务业提质扩容，推动向品质化和多样化方向升级。积极开发适合老年人的消费产品，鼓励社会力量提供连锁化、品牌化养老服务，壮大银发经济。推动育幼、家政、物业等服务规范化、标准化发展，实施"服务到家"计划，打造社区和农村便民服务示范点。推广"旅游+""文化+""健康+"等服务业态,不断拓展生活性服务业增值空间。围绕满足中高端服务需求,扩大专业化、个性化、品质化服务供给。优化服务设施布局,进一步提升服务可及性、便利性,推动城镇生活性服务业向农村延伸。优化生活性服务消费环境,全面改善服务体验,提升消费满意度。

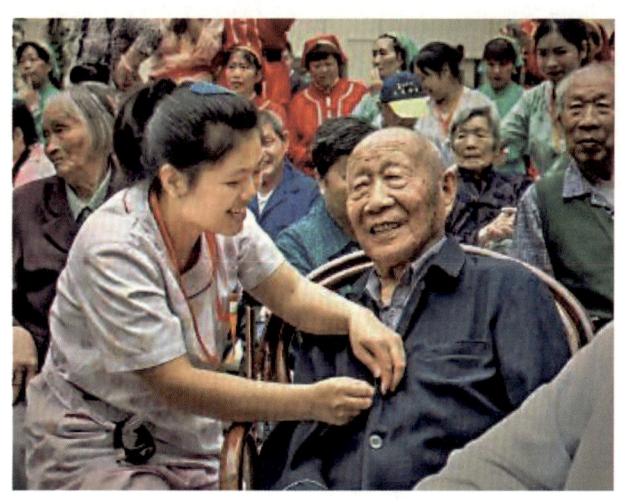

专业护工在照顾老人

第四节 全面推进乡村振兴

民族要复兴,乡村必振兴。习近平总书记高度重视"三农"问题,强调"任何时候都不能忽视农业、忘记农民、淡漠农村"。当前,江苏农业农村发展虽然取得长足进步,但城乡发展不平衡、农村发展滞后问题仍很突出。进入新发展阶段,要把解决好"三农"问题作为全局工作重中之重,全力实施乡村振兴战略,强化以工补农、以城带乡,深化城乡融合发展,促进农业高质高效、乡村宜居宜业、农民富裕富足,加快实现农业农村现代化。

重磅声音

> 要做好巩固拓展脱贫攻坚成果同乡村振兴有效衔接,加强动态监测帮扶,落实"四个不摘"要求,跟踪收入变化和"两不愁三保障"巩固情况,定期核查,动态清零。要发展壮大扶贫产业,拓展销售渠道,加强对易地搬迁群众的后续扶持。要推动城乡融合发展,推动乡村产业、人才、文化、生态、组织等全面振兴。
>
> ——2021年2月3日至5日,习近平总书记赴贵州看望慰问各族干部群众时的讲话

> 要坚持以人民为中心的发展思想,推动巩固拓展脱贫攻坚成果同全面推进乡村振兴有效衔接,更加聚焦群众普遍关注的民生问题,办好就业、教育、社保、医疗、养老、托幼、住房等民生实事,一件一件抓落实,让各族群众的获得感成色更足、幸福感更可持续、安全感更有保障。
>
> ——2021年7月21日至23日,习近平总书记在西藏考察时的讲话

全面推进农业现代化。重农固本是安民之基、治国之要。农业的根本出路在于现代化,农业现代化是国家现代化的基础和支撑。没有农业现代化,国家现代化是不完整、不全面、不牢固的。

全面推进现代农业高质量发展。江苏以工业强省著称,但多年来也注重农业的发展,耕地面积虽然只占全国耕地面积的3.7%,却通过粮食生产综合能力的提升维持着较高的亩产量,连续10多年粮食年产量超过700亿斤。"十四五"期间,要进一步提高农业质量效益和竞争力,深入实施"藏粮于地、藏粮于技"战略,加快高标准农田建设,加强苏北苏中粮食基地

建设。加快农业结构优化调整,培育壮大优质稻麦、绿色蔬菜、规模畜禽、特色水产等一批产值超千亿元优势特色产业,打造一批特色农产品优势区。加快农业标准化建设,发展绿色有机农产品,打造一批地理标志农产品,打响一批"苏"字号农业品牌。实施化肥农药减量增效行动,加强畜禽废弃物资源化利用。

连云港市赣榆区黑林镇特色林果产业航拍图

成绩单

江苏以打造一批高知名度、高美誉度和高忠诚度的江苏农业品牌为主线,以质量塑牌,以文化传牌,培育提升了一批农业品牌,这些品牌逐步走出江苏、走向全国。射阳大米、高邮鸭蛋、阳澄湖大闸蟹、盱眙龙虾、南京盐水鸭五大品牌入选"全国百强农产品区域公用品牌榜",射阳大米、兴化大米获得"中国十大大米区域公用品牌",洞庭山碧螺春茶获得"中国优秀区域公用品牌";成功创建盱眙龙虾、兴化香葱等12个国家级中国特色农产品优势区,总数居全国前列。盱眙龙虾、射阳大米等12个品牌入选中国农业品牌目录,树立了江苏品牌的全国新形象。

深化农村一二三产业融合发展。推进农村一二三产业融合发展,是拓宽农民增收渠道、构建现代农业产业体系的重要举措,是加快转变农业发展方式、探索中国特色农业现代化道路的必然要求。要适应新形势,加快发展农村电子商务、农村休闲旅游、农业生产性服务业等新产业新业态,构建农村产业融合发展新体系。实施农产品加工提升行动,加快主产区农产品就地加工、转化、增值,推动种养加结合和产业链再造。统筹规划农产品市场布局,加强农产品仓储保鲜冷链物流设施建设。

强化农业支撑保障。严守耕地红线,强化永久基本农田保护,坚决遏制耕地"非农化"、防止"非粮化",规范耕地占补平衡,提升耕地质量。种子是农业的"芯片"。一粒种子,关系着中国人的饭碗安全。要集中力量开展种源"卡脖子"技术攻关,大力支持育种基础研究和重点育种项目,健全完善现代化育种机制。实施科教兴农行动,健全动物防疫、外来有害生物防控和农作物病虫害防治体系,提升农业生产全程全面机械化、信息化、智能化水平。

江苏支持南京国家农业高新技术产业示范区和南京国家现代农业产业科技创新示范园区等重大载体建设,新建了一批省级农业高新区

大力培育新型农业经营主体。新型农业经营主体是农业现代化的生力军。要开展农民合作社"双建双创"行动,培育农民专业合作社联合社。

大力培育家庭农场,加强示范家庭农场创建,鼓励组建家庭农场联盟,提升家庭农场组织化水平。发展大型农业企业集团,支持龙头企业与小农户、家庭农场和农民合作社结队共建、资源共享,培育农业产业化联合体。加快发展农业专业化社会化服务组织,增强供销合作社为农服务综合功能。实施高素质农民培育工程,壮大新型职业农民队伍。

2006年,句容市天王镇戴庄村成立了该市首家有机农业合作社。合作社为农户提供产前、产中、产后统一服务,并把加工销售环节的利润留给农民,用提留的公积金为村民办事,促进了村集体经济和农民收入"双增长"。起初100多户农户入社,后来村里有地的812户农户全部入社。图为"全国脱贫攻坚楷模"赵亚夫(中)现场查看草莓的生长状况、栽培技术、大棚设施等情况

实施乡村建设行动。对于我们这样拥有14亿多人口的大国来说,不管工业化、城镇化进展到哪一步,农业都要发展,乡村都不会消亡,城乡将长期共生并存。正如习近平总书记所指出的,如果在现代化进程中把农村4亿多人落下,到头来"一边是繁荣的城市、一边是凋敝的农村","这样的现代化是不可能取得成功的"。党的十九届五中全会首次提出了实施乡村建设行动的重大部署,这是推进农业农村现代化的重要抓手。截至2021年7月,全省已累计命名省级特色田园乡村407个,覆盖了97.4%的

涉农县(市、区),部分地区在县域层面已初步形成特色田园乡村示范区(带)的雏形,展现了乡村振兴的现实模样。

江苏省涟水县成集镇条河村新型社区

深入推进美丽田园乡村建设。要立足平原农区、丘陵山区、水网地区等不同地貌特征,立足特色产业、特色生态、特色文化,优化乡村山水、田园、村落等空间要素,分类推进乡村建设,彰显乡村地域特色。到"十四五"末建成1000个特色田园乡村、1万个美丽宜居乡村。加强植树造林、治理河道、联通道路,塑造美丽田园风光。加大农耕文化、历史遗迹、传统村落和传统建筑组群等保护力度,挖掘传承创新民间艺术、手工技艺、民俗活动等,进一步彰显"中国农民丰收节"等主题活动凝聚力。

加快改善农民群众住房条件。"十三五"期间,江苏大力推进苏北农民住房条件改善,完成了20万户目标任务。要遵循城镇化发展规律,有力有序改善农民群众住房条件,着力提升农房建设质量。支持苏北地区加快改造和新建一批新型农村社区,配套实施带动就近就业的特色产业项目,做优农村创业就业服务,吸引返乡农民创新创业。支持苏中、苏南地区结合实际,充分运用市场化方式推进农村住房改造建设,提高住房设计和建造水平,保留好乡村肌理和乡愁记忆。

有效提高农村生活品质。实施农村基础设施提升改善工程,持续推进农村饮水、通信网络、广播电视、农网改造、污水治理、交通物流等提档升级,健全公共基础设施运营管护长效机制。实施燃气进村入户工程,在实现燃气管网县域全覆盖的基础上加快推进向农村延伸。实施农村公共服务提升工程,在行政村建设综合性公共服务站,提升村级服务能力和水平。推进"四好农村路"高质量发展,加强村庄路网与交通主骨架高效衔接。实施农村物流通达工程,加快交通运输与邮政快递、农业农村、商贸等融合发展,大幅提高行政村物流服务通达性,打通农村物流"最后一公里"。

 **硬核知识**

四好农村路

"四好农村路"指建好、管好、护好、运营好农村公路。"四好农村路"是习近平总书记在2014年3月4日提出的,要求农村公路建设要因地制宜、以人为本,与优化村镇布局、农村经济发展和广大农民安全便捷出行相适应,要进一步把农村公路建好、管好、护好、运营好,逐步消除制约农村发展的交通瓶颈,为广大农民脱贫致富奔小康提供更好的保障。

进一步深化农村改革。 改革添动力,改革增活力。近年来,江苏农村改革加快推进,农村集体产权制度改革等走在全国前列,农村发展活力不断迸发。

完善乡村发展支持体系。建立"三农"财政投入稳定增长机制,积极稳妥推广农村承包土地经营权抵押贷款业务,推动集体经营性建设用地使用权、集体资产股份等依法合规予以抵押,探索开展农民住房财产权抵押贷款业务。完善农村承包土地"三权分置"制度,落实第二轮土地承包到期后再延长30年政策。依法依规开展集体经营性建设用地入市改革,探索建立就地入市、异地调整入市和集中整治入市等制度,保障农民合法土地权益。稳慎推进农村宅基地制度改革,探索宅基地所有权、资格权、使用权分置实现形式,完善农村宅基地分配、使用、流转管理制度。支持进城落户农民依法自愿有偿转让退出农村权益。

健全城乡深度融合发展机制。要加快公共服务向农村延伸、社会事业向农村覆盖,推进城乡基本公共服务标准统一、制度并轨,建立健全城乡教育资源均衡配置机制、乡村医疗卫生服务体系、覆盖城乡的公共文化服务体系、城乡统一的社会保障制度。加强城乡基础设施和公用设施统一规划、统一建设、统一管护。健全城市优质资源要素下乡长效促进机制,深入推进"万企联万村、共走振兴路"行动,支持企业和社会组织在农村兴办各类事业。引导人才向乡村流动,建立健全有利于科技人员下乡、科技成果转化、先进技术推广的激励和利益分享机制。鼓励返乡人员依托自有或闲置住宅,发展适宜乡村产业。提升农村产权市场化、规范化、信息化水平。"十四五"期间,在缩小城乡差距上进一步走在全国前列,努力让农民和市民不再有明显的身份界限,让城乡品质生活不再有明显的落差。

图为启东建成的以种植大户为单元的隆升和新型合作农场,采取稻麦机械化规模轮作

释疑解惑

问 什么是新型合作农场？

答 所谓新型合作农场，就是由村集体经济组织发起、农民自愿以土地承包经营权参股，成立农地股份专业合作社，联结村干部、农场经营者以及广大农户，共同开展农业生产经营活动的一种新型经营方式。

典型案例

沛县：促进农村资源要素优化配置

沛县于2017年6月被批准为全国农村集体产权制度改革试点县。试点工作开展以来，沛县坚持把这项"国字号"改革作为乡村振兴的重要抓手，切实让农村沉睡的"资源"变"资产"、"资金"变"股金"、村民变"股东"，探索走出一条具有沛县特色、百姓认可的农村集体产权制度改革之路。截至2020年5月，该县371个涉农村（居）已全部完成清产核资、成员界定、股权设置、成立组织和权能改革等工作，向村集体经济组织成员发放股份证书24.18万本，发放农村集体资产股权抵押贷款62笔，高质量全面完成试点任务。

2020年9月23日，全国农村集体产权制度改革试点评估总结培训班在沛县举行

多措并举发展新型集体经济。深化农村集体产权制度改革，推进"政经分开"改革，持续加强农村集体资产财务管理，推动资源变资产、资金变股金、农民变股东，积极发展多种形式的股份合作。引导农村集体经济组织开辟资产租赁、企业股份、农业开发、生产服务等多种路径，提高农村集体经济收入。完善农民对集体资产股份的占有、收益、有偿退出及抵押、担保、继承等权能，推动以折股量化形式让农村集体经济组织成员长期分享资产经营收益。鼓励经济实力强的农村集体组织辐射带动周边村庄共同发展。

乡村振兴，摆脱贫困是前提，生活富裕是根本。脱贫摘帽不是终点，而是新生活、新奋斗的起点。解决发展不平衡不充分问题、缩小城乡区域发展差距、实现人的全面发展和全体人民共同富裕仍然任重道远。要切实做好巩固拓展脱贫攻坚成果同乡村振兴有效衔接各项工作，不断强弱项、补短板，一件接着一件办，一年接着一年干，脚踏实地、久久为功，在实现共同富裕的道路上一户不落、一个不少。

延伸阅读

1. 习近平：《在科学家座谈会上的讲话》，《人民日报》2020年9月12日
2. 习近平：《在中国科学院第二十次院士大会、中国工程院第十五次院士大会、中国科协第十次全国代表大会上的讲话》，《人民日报》2021年5月29日
3. 《习近平向全国脱贫攻坚楷模荣誉称号获得者等颁奖并发表重要讲话》，《人民日报》2021年2月26日

第四章 创造人民期盼的美好生活

时间丈量着发展的进度，也标示出攀登的高度。"人民对美好生活的向往，就是我们的奋斗目标"，为人民谋幸福的初心，始终闪耀在砥砺奋进的征程上。"十三五"期间，全省上下深入贯彻以人民为中心的发展思想，顺应人民对美好生活的期待，把增进民生福祉作为发展的根本目的，在民生领域实施了一系列新举措，在幼有所育、学有所教、劳有所得、病有所医、老有所养、住有所居、弱有所扶上取得一系列历史性进展，高水平全面建成小康社会取得决定性成就，人民群众的获得感、幸福感、安全感不断增强。

第一节 持续深化富民增收

溧水区是南京市远郊区之一，2018年，全区3225户、6659名建档立卡低收入农户人均收入达9000元以上，38个市级经济薄弱村（欠发达村）年收入达100万以上，提前2年完成脱贫攻坚任务；2020年溧水区城乡居民人均可支配收入46655元，比2015年增长60.24%，农村居民人均可支配收入29078元，连续5年位于全省前列。溧水区在"十三五"期间富民增收工作中取得的成绩正是全省近百个县（市、区）的缩影之一。

南京市溧水区"红色李巷"发展蓝莓产业，农民通过蓝莓种植增收致富

共同富裕是社会主义的本质要求，是人民群众的共同期盼。党的十九届五中全会把促进全体人民共同富裕摆在更加突出位置，为我们明确了奋斗目标。"十四五"期间，江苏将深入践行共建共享理念，提升人民生活品质，向着共同富裕目标作出积极有为的努力。

积极增加居民收入。收入分配是民生之源。当前，江苏居民收入构成中，工资性收入和经营性收入占到居民收入的70%左右，因此要增加居民收入，必须提高工资性收入水平，进一步挖掘经营性收入潜力，让城乡居民腰包鼓起来。

第四章 创造人民期盼的美好生活

> **重磅声音**

> 广大人民群众共享改革发展成果，是社会主义的本质要求，是我们党坚持全心全意为人民服务根本宗旨的重要体现。我们追求的发展是造福人民的发展，我们追求的富裕是全体人民共同富裕。
>
> ——2015年8月21日，习近平总书记在党外人士座谈会上的讲话

> 让人民群众过上更加幸福的好日子是我们党始终不渝的奋斗目标，实现共同富裕是中国共产党领导和我国社会主义制度的本质要求。
>
> ——2020年11月24日，习近平总书记在全国劳动模范和先进工作者表彰大会上的讲话

> 实现共同富裕不仅是经济问题，而且是关系党的执政基础的重大政治问题。要统筹考虑需要和可能，按照经济社会发展规律循序渐进，自觉主动解决地区差距、城乡差距、收入差距等问题，不断增强人民群众获得感、幸福感、安全感。
>
> ——2021年1月11日，习近平总书记在省部级主要领导干部学习贯彻党的十九届五中全会精神专题研讨班开班式上的讲话

稳步提高工资性收入水平。要着力打造人力资本强省，提高劳动生产率，促进经济发展、就业充分与收入增长联动。完善工资性收入与企业效益协同，稳步增加工资性收入。切实增加劳动者特别是一线劳动者报酬，提高职工工资占地区生产总值和企业收益比重，这是体现提高普通劳动者

收入的鲜明政策导向。

深入挖掘经营性收入潜力。近年来,江苏关于创业创新、惠农富农方面的政策不断出台,居民经营性收入保持较快增长。但从目前情况来看,增加居民经营性收入还有很大的潜力可以挖掘,还有许多功课需要做。要健全广覆盖、多层次的创业服务体系,支持富民产业和中小微企业发展,挖掘农村集体经济增收潜力,着力培育一批具有示范带动作用的农场和农业专业合作社,增加城乡居民经营性收入。

扩大中等收入群体。中等收入群体是社会的"稳定器"。我们要按照党的十九大提出的"中等收入群体比例明显提高"两步走战略,实施中等收入群体壮大行动,以技能人才、新型职业农民、科研人员、小微创业者、企业经营管理人员等群体为主体,鼓励勤劳守法致富,使更多普通劳动者通过自身努力进入中等收入群体。

硬核知识

收入分配

当前,收入分配主要包括三个方面:初次分配、再分配和第三次分配。初次分配是按照各生产要素对国民收入贡献的大小进行的分配,主要由市场机制形成。再分配是指在初次分配的基础上,把国民收入中的一部分拿出来通过税收和社会保险系统进行重新分配,主要由政府调控机制起作用。第三次分配是指动员社会力量,建立社会救助、民间捐赠、慈善事业、志愿者行动等多种形式的制度和机制,是社会互助对于政府调控的补充。

2021年8月17日召开的中央财经委员会会议提到"三次分配"。会议指出,要坚持以人民为中心的发展思想,在高质量发展中促进共同富裕,正确处理效率和公平的关系,构建初次分配、再分配、三次分配协调配套的基础性制度安排。这并不是中央首次提到"三次分配"。2019年,党的十九届四中全会提出,重视发挥第三次分配作用,发展慈善等社会公益事业。2020年,党的十九届五中全会再次提出,要发挥第三次分配作用,发展慈善事业,改善收入和财富分配格局。收入分配是经济社会发展的重大问题,关系人民群众切身利益,关系改革发展稳定大局。与初次分配和再分配相比,三次分配在概念内涵、分配参与者和分配价值取向等方面都有鲜明特点。

中等收入群体

从社会学视角来看,中等收入者具有一份稳定的工作、相应的消费能力,并且具有良好的社会地位,是满足一定职业地位、教育水平、财产水平、生活方式和政治态度的群体。从经济学视角来看,中等收入群体将收入作为唯一的划分标准,拥有中等收入的人就是中等收入者,收入处于中等水平的群体称为"中等收入群体"。收入水平是以一定地区、一定时期为条件的收入水平区间。从综合的视角来看,中等收入群体的衡量是以经济收入为主导,同时兼顾教育、职业、地位等社会因素。中等收入群体是在一定时期内,收入保持在全社会中等水平、生活较富裕、生活水平相对稳定的居民群体。

深化收入分配制度改革。 古有云,"不患寡而患不均"。经过改革开放的高速发展,江苏居民收入大幅增长,整体上摆脱了"患寡",但城乡区域发展和收入分配差距较大的问题仍然存在。要坚持按劳分配为主体、多种分配方式并存,研究制定提高劳动报酬在初次分配中比重的政策措施。完善再分配制度,做好提低、扩中、调高工作,着力提高低收入群体和经济薄弱地区居民生活水平。发挥第三次分配作用,支持慈善等公益事业发展。

> **新闻速递**
>
> 经省人民政府同意,江苏省从2021年8月1日起调整全省最低工资标准。月最低工资标准:一类地区2280元,二类地区2070元,三类地区1840元。非全日制用工小时最低工资标准:一类地区22元,二类地区20元,三类地区18元。

> ▶ 工资提高了,收入增加了,党的富民政策落到我心里了。
> ▶ 日子越来越红火,"富起来"再也不那么遥不可及了。
> ▶ 共同富裕是社会主义最本质的要求,更是老百姓最朴素的愿望。

促进农民持续增收。 共同富裕的重点在农民,难点也在农民。2020年,江苏农村居民人均可支配收入为24198元,增幅连续11年高于城镇居民,位于全国各省区第二,城乡居民收入比缩小到2.19∶1,是城乡居民收入差距最小的省份之一。要实施农民收入十年倍增计划,深入推进产业富民、就业富民、创业富民,切实提升农民就业质量、农民创业能力、农业经营效益。推进特色农业与农产品加工、乡村旅游、农村电商等一体发展,因地制宜壮大旅游民宿、农耕体验、健康养老等新产业新模式,加快构建农民收入增长长效机制。

第二节 实现更加充分更高质量就业

就业是民生之本、财富之源,就业稳则人心稳、社会稳。江苏有8400多万人口、5000多万劳动力,解决好就业问题,既关系着劳动者及其家庭的切身利益,也关系着社会和谐发展、长治久安。

第四章 | 创造人民期盼的美好生活

2020年春节后，常州开展了"抗疫情·苏陕行"行动，接送外来务工人员返岗

成绩单 ★★★★★

"十三五"时期，江苏积极应对中美经贸摩擦、新冠肺炎疫情、经济下行压力加大等影响，深入实施就业优先战略和更加积极的就业政策，就业规模不断扩大，就业结构持续优化，就业质量有效提升，政策体系日趋完善，重点群体保障有力，五年城镇新增就业726万人，调查失业率稳定在5%以内，为稳增长、促改革、调结构、惠民生、防风险提供了支持，也为全国就业局势稳定作出了江苏贡献，2016年、2018年、2019年三次获国务院办公厅表扬激励。

江苏劳动力资源丰富、人才高度集聚、开放程度高、社会流动性大，具有良好的就业工作基础，但也面临着就业增长动能不足、就业总量高位承压、结构性就业矛盾突出等问题。"十四五"时期，江苏将突出稳就业保就业工作主线，扩大就业容量，提升就业质量，全力打造更高质量就业先行区和更加充分就业示范区。

促进多渠道就业创业。解决就业问题要靠经济发展，关键在稳市场主体。企业在，岗位就在，就业就有保障。要坚持经济发展就业导向，将更加充分更高质量就业作为经济社会发展的优先目标，将稳定和扩大就业作为宏观调控的下限，构建经济增长与促进就业的良性循环，在保持经济总量稳定增长、经济结构不断升级的同时，努力实现就业规模扩大、就业结构优化、就业质量提升。实施扩大内需战略，创造就业岗位，积极培育新型消费，拓展农村消费市场，大力培育数字消费、康养消费、绿色消费等新兴消费，促进线上线下消费深度融合，创造更多就业增长点。支持各类市场主体吸纳就业，充分发挥民营企业、中小微企业吸纳就业的主渠道作用，稳步拓展社区超市、便利店和社区服务岗位。

个体经营、非全日制以及新就业形态等灵活多样的就业方式，是劳动者增加收入的重要途径，对拓宽就业新渠道、培育发展新动能具有重要作用。要落实财政、金融等针对性扶持政策，促进平台经济、数字经济、共享经济等领域的新就业形态健康发展，推动非全日制劳动者较为集中的保洁绿化、批发零售、建筑装修等行业提质扩容。对高校毕业生、农民工、失业人员从事个体经营的，要完善落实富民创业担保贷款贴息、税收优惠、创业补贴政策支持，降低创业门槛和成本。发展零工市场，把灵活就业岗位供求信息纳入公共就业服务范围。畅通灵活就业人员养老保险参保渠道，落实灵活就业人员社保补贴政策。

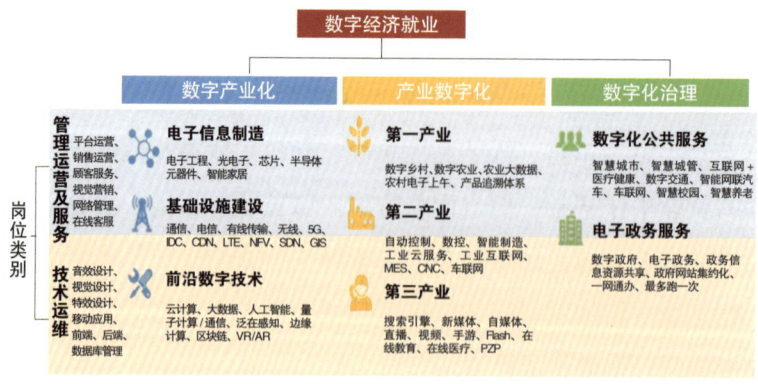

来源：中国信息通信研究院

保障重点群体就业。重点群体就业有保障,就业基本盘才能稳住。江苏是教育大省,高校毕业生人数年年创新高。要把高校毕业生就业摆在就业工作首位,持续推进就业创业促进、"三支一扶"、就业见习等计划,拓宽市场化社会化就业渠道,精准实施离校未就业高校毕业生实名登记和跟踪服务,帮助高校毕业生更好择业、更快就业。农民工是产业工人的主体,为江苏经济社会发展作出了巨大贡献。要统筹推进农村劳动力转移就业和就地就近创业就业,实施农民工素质提升工程,健全农民工劳动权益保护机制,分层次推进农民工市民化。同时,还要进一步畅通失业人员求助渠道,健全失业登记、职业介绍、职业培训、生活保障联动机制,完善就业困难人员动态管理机制,发挥公益性岗位托底安置作用,确保城乡零就业家庭动态为零。

农民工及时足额拿到工资

释疑解惑

问 什么是公益性岗位安置?

答 各类用人单位开发并经人力资源社会保障部门认定,用于安置就业困难人员就业的岗位。具有"托底线、救急难、临时性"属性,实行"按需设岗、以岗聘任、在岗领补、有序退岗"管理机制,主要是满足公共利益和就业困难人员需要的非营利性基层公共服务类、公共管理类岗位。

> **小贴士**
>
> 职业技能提升行动：指为适应劳动者就业创业需要，大力推行终身职业技能培训制度，面向职工、就业重点群体等城乡各类劳动者，大规模开展职业技能培训，加快建设知识型、技能型、创新性劳动者大军。

提高就业技能。 提升劳动者技能素质，是保持就业稳定、缓解结构性就业矛盾的关键一招。"十四五"期间，要实施大规模职业技能提升行动，支持开展订单、定岗、定向培训，实现培训与就业岗位要求的紧密挂钩，帮助劳动者提升就业能力和职业转换能力。实施技工院校提升行动，加强技能人才服务产业园、高技能人才培训基地和技能大师工作室等载体建设。健全终身职业技能培训制度，全面推行具有中国特色的企业新型学徒制。推广"互联网+职业培训"模式，建设职业技能培训公共服务平台，建设一批公共实训基地和产教融合基地，推动培训资源共建共享。

第三节 提高社会保障水平

社会保障既是民生安全网、社会稳定器，也是收入分配调节器、经济运行减震器，与人民幸福安康息息相关，关系国家长治久安。习近平总书记强调，社会保障是保障和改善民生、维护社会公平、增进人民福祉的基本制度保障，是促进经济社会发展、实现广大人民群众共享改革发展成果的重要制度安排，是治国安邦的大问题。"十四五"时期，江苏将健全覆盖全民、统筹城乡、公平统一、可持续的多层次社会保障体系，织密扎牢社会保障安全网，构建社会保障全民共有共享共建共谋的发展局面。

> **成绩单** ★★★★★
>
> 江苏坚持全覆盖、保基本、多层次、可持续方针,全力推进社会保障体系建设,初步建立起覆盖城乡各类人群、制度架构基本健全、待遇水平稳步增长的社会保障体系,截至"十三五"末,城乡基本养老、失业、工伤保险参保人数分别达 5961 万人、1891 万人、2131 万人,退休人员基本养老金年度人均调增比例超过 5%,城乡居民基础养老金省定最低标准提高到每人每月 160 元,民生保障安全网进一步织密扎牢。

覆盖全民。虽然江苏企业职工养老、失业、工伤保险参保人数均位居全国前列,但同时也应看到,现有社保参保机制还不能很好适应新业态从业人员就业模式,一部分就业状态和收入水平不稳定、参保意识不强的灵活就业人员和农民工仍游离于职工社会保险制度之外,"全民参保"任重道远。"十四五"时期,要健全灵活就业人员社保制度,探索灵活就业人员参加失业保险新模式,推进平台灵活就业人员职业伤害保障工作。完善适应新就业形态的社保政策和运行机制,放宽灵活就业人员参保条件,促进有意愿、有缴费能力的灵活就业人员、新就业形态从业人员参加企业职工养老保险。实施对缴费困难群体帮扶政策,促进城乡居民养老保险适龄参保人员应保尽保。推动中小微企业和农民工参加失业保险。实施超过法定退休年龄人员继续就业期间和实习生实习期间参加工伤保险办法,开展尘肺病重点行业工伤保险扩面专项行动,推进建筑、交通运输、水利工程等领域按项目参保,保障更多高风险行业劳动者权益。深化医疗保障制度改革,健全多层次医疗保障体系,大力推动补充医疗保险发展,建立覆盖全民的大病医疗保险制度。促进住房保障对象从以户籍家庭为主逐步向城镇常住人口覆盖，确保城镇中等偏下收入住房困难家庭实现应保尽保。

统筹城乡。随着城镇化的加速推进，农村劳动力大规模向城镇非农业转移就业，这就要求更好适应劳动力的流动，统筹做好城乡养老保险衔接服务。深入推进社保经办服务数字化转型，进一步提高标准化、信息化、专业化水平，努力实现城乡社会保障服务均等化。用好全国社会保险公共服务平台，健全社会保险待遇资格认证服务体系，推进社会保险转移接续在线办理，推行"社银一体化"拓展社会保险服务渠道。创新经办管理体制，持续改进社保公共服务窗口单位作风，为参保人员提供更加高效便捷的社保公共服务。加快推进第三代社保卡和电子社保卡的发行范围，推进社保卡"一卡通"。完善12333线上服务体系，提升电话、网站、移动应用、短信等多渠道联动服务能力。切实解决老年人运用智能技术困难，优化面向老年人的社保服务措施和服务方式。

公平统一。当前，全省社会保险统筹层次还不高，区域之间社会保险基金结余不平衡，一些社会保险政策实施存在差异。"十四五"期间，要巩固提升社保统筹层次，坚持实施统一的缴费政策、待遇政策，有效增强基金统筹互济能力。夯实企业职工基本养老保险省级统筹制度，实施企业

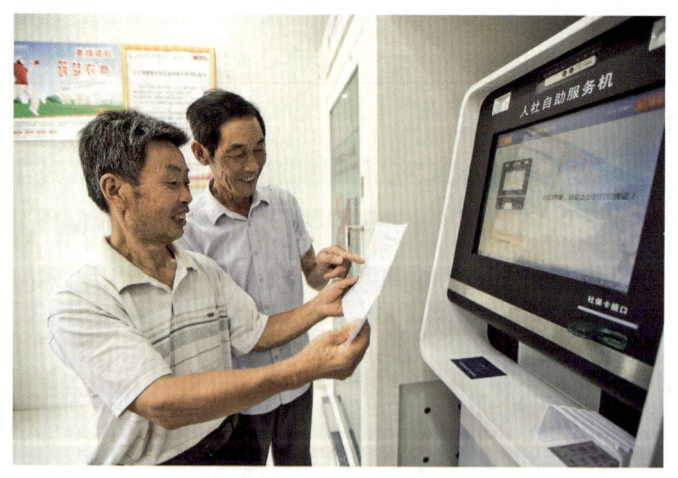

参保居民使用人社自助服务机查询养老保险参保权益

职工基本养老保险基金省级统收统支统管，健全各级人民政府责任分担和激励约束机制。落实失业保险省级调剂金制度，推进失业保险政策全省统一、基金统收统支管理、基金省级预算管理，建立失业保险省级统筹制度。巩固提升工伤保险省级统筹水平，推进实现工伤保险"五统一"，适时推进工伤保险基金省级统收统支。完善公平适度的医疗保障待遇保障机制，扩大基本医疗保险异地就医直接结算范围。深化社会救助体制改革，健全以基本生活救助、专项社会救助、急难社会救助为主体，社会力量参与为补充的分层分类救助制度体系。

释疑解惑

问 什么是多层次养老保险体系？

答 根据国家顶层设计，养老保险制度是"三支柱"体系。第一支柱是基本养老保险，包括企业职工基本养老保险、机关事业单位基本养老保险、城乡居民基本养老保险。第二支柱是企业年金和职业年金，企业年金实行企业自主建立，职业年金实行机关事业单位全面建立。第三支柱主要发挥补充养老功能，"十四五"期间，国家层面将按照政府引导、市场运作、有序发展的原则，建立和发展政策支持、个人自愿、市场化运行的个人养老金制度。

可持续。 江苏较早进入深度老龄化社会，第七次全国人口普查数据显示，江苏60岁及以上人口为1850万人，占总人口比例为21.84%，比全国高0.41个百分点。老龄人口不断增加，最直接的影响就是职工与退休人员的抚养比逐步降低，缴费人数增长缓慢，退休人数快速增长，社会保险基金可持续运行的压力日益加大。要综合考虑物价上涨、职工平均工资增长和基金承受能力等因素，合理确定调整社会保险待遇水平。发展多层次、多支柱养老保险体系，鼓励引导有条件的用人单位建立企业年金制度，提高企业年金覆盖率，完善职业年金制度，稳健开展职业年金投资运营，规范发展第三支柱养老保险，推动个人养老金发展。坚持精算平衡，健全基金预测预警制度，促进养老保险基金长期平衡，保障退休人员养老金按时足额发放。

退休老人"图说"养老金"增长路"：2005年到2017年，企业退休职工养老金增长了381.7%

第四节 推进基本公共服务均等化

推进基本公共服务均等化建设，是民生高质量发展的必然要求。"十三五"期间，江苏提出了基本公共教育、就业创业等10个领域的重点任务，进一步突出普惠性、保基本、均等化的导向，加快推进基本公共服务体系建设，不断提升公共服务共建能力和共享水平。

保障和改善民生没有终点，只有连续不断的新起点。新时代新征程，必须健全幼有所育、学有所教、劳有所得、病有所医、老有所养、住有所居、弱有所扶等方面基本公共服务制度体系，尽力而为，量力而行，注重加强普惠性、基础性、兜底性民生建设，让全体人民都能公平可及地获得基本公共服务，共享改革发展成果，不断提高人民群众的获得感、幸福感、安全感。

普惠性标准化是前提。 过去五年，江苏加快建立以规划清单为依据、以基层配置标准为基础、以相关行业标准为支撑的基本公共服务标准体系，为实现全省基本公共服务标准化全覆盖、全达标打下了坚实基石。"十四五"期间，要坚持普惠性、保基本、均等化、可持续方向，持续健全基本公共服务清单，动态调整服务项目内容，优先保障公共教育、劳动就业、社会保障、医疗卫生、人口计生、住房保障、健康养老、文化体育以及公共安全、公共交通、生态环境、公共法律服务等领域基本公共服务供给。要以常住人口规模结构分布和流动趋势为依据，科学确定各类公共服务设施服务半径和覆盖人群，优化资源配置，做到普惠可及，推动按常住人口实现基本公共服务全覆盖。

 新闻速递

苏州市吴江区居家养老指导中心

2020年4月，苏州市确定了51项国家基本公共服务标准化试点项目，由苏州市吴江区政府承担的吴江区老有所养基本公共服务标准化专项试点名列其中。吴江区将养老产业纳入服务业高质量发展产业政策，已出台《吴江区居家养老服务标准（试行）》，引导行业专业化、规范化、标准化发展。

城乡区域均衡发展是重点。千钧将一羽,轻重在平衡。"十四五"时期,要加快公共服务向农村延伸、社会事业向农村覆盖,推进城乡基本公共服务标准统一、制度并轨,建立健全城乡教育资源均衡配置机制、乡村医疗卫生服务体系、覆盖城乡的公共文化服务体系、城乡统一的社会保障制度。创新区域协调均衡发展体制机制,推动区域公共服务衔接共享。坚持教育公益性原则,把促进教育公平作为基本教育政策,推动义务教育均衡发展和城乡一体化。实施学前教育行动计划,多渠道增加普惠性学前教育资源供给,积极建设公办幼儿园。到2025年,新建改扩建幼儿园1000所、义务教育学校800所、普通高中200所。强化公共卫生服务能力建设。优化公共卫生区域布局,拓展家庭医生签约服务范围,逐步建立由家庭医生提供基本医疗的健康管理服务模式,推进流动人口基本公共卫生服务均等化。推进农村区域性医疗卫生中心和社区医院建设,促进优质医疗资源均衡布局。

补齐民生短板是关键。江苏民生发展整体水平较高,但在某些方面还存在不足,少数领域问题还比较突出。解决民生问题从来都是一个动态的、发展的过程,必须时刻保持头脑清醒,树立强烈的问题意识,从人们对美

江苏居民可根据自身健康情况,在相近的社区卫生服务中心或乡镇卫生院等购买服务包,享受家庭医生签约服务。该服务包含基本服务和个性化服务,居民可自行选择。如家中有高龄老人,购买服务包后,家庭医生能提供送药上门、更换导尿管、伤口换药等服务

好生活的向往出发，切实加强和改进民生工作。要抓好就业这个最大的民生，加强对困难群众的兜底保障，全力维护人民群众生命财产安全，着力兜牢民生底线；要对"一老一小"、医疗卫生、生态环境、群众增收、老旧小区改造、农村人居环境整治、厕所革命、食品药品安全等领域全面排查梳理，着力补齐民生短板，确保全面小康成果得到群众认可、经得起历史检验；要发挥好政府和市场"两只手"作用，完善民生保障制度，办好民生实事，着力解决群众的操心事、烦心事、揪心事，让群众的获得感幸福感安全感更加充实、更有保障、更可持续，在推动高质量发展中为群众创造高品质生活。要通过改革完善体制机制，加快构建民生领域的现代治理体系，在加强普惠性、基础性、兜底性民生建设的同时，着力构建优质均衡的公共服务体系和高质量全覆盖的社会保障体系，让江苏发展实绩更有"温度"、民生答卷更有"厚度"。

 新闻速递

2020年12月23日，江苏省城镇老旧小区改造工作领导小组印发《关于全面推进城镇老旧小区改造工作的实施意见》，要求全面推进城镇老旧小区改造，着力改善居住条件、生活环境和功能品质，推动住有所居向住有宜居迈进，加快建设美丽宜居住区，不断提高人民群众的获得感、幸福感、安全感。2021年，完成1000个城镇老旧小区改造。到2022年，基本形成老旧小区改造制度框架、政策体系和工作机制，市场化、专业化、智慧化物业管理服务覆盖面不断扩大。

 **延伸阅读**

1. 习近平：《扎实推动共同富裕》，《求是》2021年第20期
2. 《江苏省人民政府关于落实就业优先政策进一步做好稳就业工作的实施意见》（苏政发〔2020〕53号），2020年6月22日

第五章 提升省域治理整体效能

改革开放以来特别是21世纪以来,江苏大力推进省域治理,在探路发展的道路上创造了显著成就。新时代,我们坚持改革开放再出发,聚焦民主法治建设,加强和创新社会治理,统筹发展和安全,积极探索具有时代特点、江苏特色的省域治理之路。如今的江苏,社会治理体系更加完善,稳定、安全、廉政、生态"四条底线"更加牢固,形成了"有事好商量""三社联动""大数据+网格化+铁脚板"等有效做法,祥和美好、公平正义、安全稳定成为鲜明标签,不断展现出江苏"强富美高"现代化阶段的崭新模样。

第一节 推进社会主义民主法治建设

社会主义民主法治建设是新发展阶段省域治理的重要内容，也是衡量省域治理效能的重要评判标准。江苏"十四五"时期，要坚持党的领导、人民当家作主、依法治国的有机统一，实现社会主义民主法治更加健全、公平正义进一步彰显的社会发展目标。

坚持发展社会主义民主。人民民主是社会主义的生命。人民当家作主是社会主义民主政治的本质和核心。发展社会主义民主政治就要不断健全民主制度、丰富民主形式、拓宽民主渠道，最大限度凝聚社会共识，发展全过程人民民主，把全体人民的力量汇聚到"强富美高"新江苏建设的生动实践上来。

坚持和完善人民代表大会制度。在中国实行人民代表大会制度，是中国人民在人类政治制度史上的伟大创造。"十四五"期间，我们将充分发挥人民代表大会的根本政治制度作用，着力加强地方人大及其常委会建设，切实强化地方各级人大对本级"一府一委两院"的监督，更加有效地聆听基层群众的利益呼声，保障人民依法通过各种途径和形式管理国家事务、管理经济文化事业、管理社会事务。

发挥社会主义协商民主优势。有事好商量，众人的事情众人商量，是人民民主的真谛。近年来，江苏充分发挥政协专门协商机构作用，积极参与基层社会治理，努力把"有事好商量"协商议事室打造成为党委政府"好帮手"、人民群众"连心桥"、委员履职"新平台"，为省域治理提供了有力支撑。未来五年，江苏将积极构建科学合理、程序正义、环节有序的协商民主体系，统筹推进政党协商、人大协商、政府协商、政协协商、人民团体协商、基层协商和社会组织协商，广泛吸纳各方意见建议，提高建言资政和凝聚共识的能力和水平。

南京市江宁区九龙湖"商量书房"

健全完善基层群众自治制度。基层不牢，地动山摇。发展基层民主，是社会主义民主政治建设的基础。当前，发生在城乡基层的矛盾愈加具有复杂性和多样性特征。这些问题与基层干部群众切身利益密切相关，他们对于问题的基本状况、矛盾症结、解决出路有着更直接和有效的理解，知道什么该办、怎么去办。"十四五"期间，江苏将有效畅通民主渠道，健全基层选举、议事、公开、述职、问责等机制，促进群众在城乡社区治理、基层公共事务和公益事业中依法自我管理、自我服务、自我教育、自我监督，把基层民主这篇大文章写精彩。

推进全面依法治省。 深入贯彻习近平法治思想，以解决法治领域突出问题为着力点，坚定不移走中国特色社会主义法治道路，在法治轨道上推进省域治理体系和治理能力现代化，使高水平法治成为江苏发展核心竞争力的重要标志。

加强地方立法能力建设。立法是前提，立良法则保善治。必须坚持科学立法、民主立法、依法立法，推进地方立法精准化、精细化、精品化，完善与中国特色社会主义法律体系相配套、展现江苏实践特点、体现时代特色的地方性法规和规章。"十四五"期间,江苏将顺应现代化建设新要求,不断提高法治供给质量和效率,在实施重大战略、科技自立自强、推进乡村振兴、生态文明建设等方面持续加强法治供给,立为民之法、立管用之法、立精细之法,以高质量地方立法引领保障高质量发展。

纵深推进法治政府建设。法治政府建设是现代国家政治文明的重要标志,是实现治理体系和治理能力现代化的必由之路。新时代,江苏大力推进法治政府建设,着眼重大行政决策科学化、民主化、法治化,不断完善重大行政决策程序规则,严格落实规范性文件和重大决策合法性审查机制,打造"大数据+指挥中心+综合执法队伍"综合执法模式,法治之网不断织密治牢。"十四五"期间,江苏将坚持依法全面履行职责,做到法定职责必须为、法无授权不可为,深入推进严格规范公正文明执法,更大力度深化"放管服"改革,加快打造市场化法治化国际化营商环境。

 典型案例

不见面审批

不见面审批是江苏"放管服"改革的一张名片。近年来,江苏进一步深化"放管服"改革,在全国率先推出"文件无纸化、标书在线传、开标不见面、系统辅助评、结果快递送、过程全留痕"的公共资源不见面交易等创新做法。2020年,江苏共实施"不见面"交易31730宗,减少市场主体往返约153万人次,节约投标人成本约13亿元。

深化监察体制改革和司法体制改革。公正司法是维护社会公平正义的最后一道防线。一次不公正的审判,其恶果甚至超过十次犯罪。"十四五"期间,江苏将深入推进司法体制综合配套改革,完善监察权、审判权、检察权运行和监督机制,促进司法公正,提升司法效能。从严落实司法责任制,深化司法责任制综合配套改革和以审判为中心的诉讼制度改革,着力优化司法职权配置,大力推进阳光司法,构建权责明晰、权责对等的责任体系,切实以公正树公信、以公信树权威。

全面建设法治社会。法治社会是构筑法治国家的基础。面向"十四五",江苏将深入开展法治宣传教育,筑牢人民群众法治信仰,积极弘扬法治文化,深入贯彻实施民法典,创新法律服务供给模式,不断增强法治宣传的实效性、法治实践的引导性、公共法律服务的精准性,努力使全省人民都成为社会主义法治的忠实崇尚者、自觉遵守者、坚定捍卫者。

为扎实推进民法典的学习、宣传、贯彻,切实发挥民法典固根本、稳预期、利长远的基础性作用,江苏省高级人民法院和江苏省司法厅组织专门力量编写、绘制了普法书籍《以案释法·漫画民法典》,通过"以案释法""漫画"等表现形式,图文并茂地呈现民法典相关条文的法律规范和典型案例,为人民群众提供全面、丰富、实用的民法典学习和实践指引

第二节 加强和创新社会治理

社会治理是国家治理的重要内容，良好的社会治理是社会和谐稳定、人民幸福安康的重要保障。党的十九届五中全会明确将社会治理作为新时代社会发展和建设的核心目标之一。"十四五"时期，加强和创新社会治理，提升社会治理效能，是省域治理现代化的重要目标。

 硬核知识

省域治理

省域治理是国家治理体系和治理能力在省域层面的落实和体现，是立足省域推进现代化建设的具体实践。2019年12月24日，江苏省委十三届七次全会审议通过《中共江苏省委关于贯彻落实党的十九届四中全会精神、推动省域治理体系和治理能力现代化建设走在前列的意见》，充分展现出江苏人民"争当表率、争做示范、走在前列"的使命担当。

构建社会治理共同体。 加强社会治理，人人有责、人人尽责。面对社会治理日益复杂化的情形，单一依靠政府力量难以完全满足社会治理精细化的实质需求。基于此，要构建多元主体共同参与的社会治理格局，以广泛吸纳社会力量，整合社会资源，画出共建共治共享最大"同心圆"。"十四五"期间，江苏将发挥党委总揽全局、协调各方的领导作用，鼓励支持群团组织、社会组织等协同参与，健全市场主体履行社会责任激励约束机制，依法保障群众知情权、参与权、表达权和监督权，实现政府治理同社会调节、居民自治良性互动。

提高基层治理水平。城乡社区是社会结构体系中的基本单元，也是社

会治理的"最后一公里"。社会治理的根基在基层,重点在基层,难点也在基层。"十四五"时期,推进社会治理,必须立足城乡基层、做实做强城乡基层。积极适应群众多样化和多层次的需求变化,坚持全周期管理理念,强化系统治理、依法治理、综合治理、源头治理,健全常态化管理和应急管理动态衔接的基层治理机制,构建网格化管理、精细化服务、信息化支撑、开放共享的基层管理服务平台,以自治增活力、以法治强保障、以德治扬正气。

> ▶ 法治建设需要全社会共同参与,只有全体人民信仰法治、厉行法治,国家和社会生活才能真正实现在法治轨道上运行。
> ▶ 创新社会治理,要以最广大人民根本利益为根本坐标,从人民群众最关心最直接最现实的利益问题入手。
> ▶ 社会治理的重心必须落到城乡社区,社区服务和管理能力强了,社会治理的基础就实了。

全面推动社会信用体系建设。人无信不立,业无信不兴,国无信则衰。加强社会信用体系建设是省域治理体系建设的重要组成部分,是提升社会治理能力和效果的重要手段。

完善信用管理制度。制度具有根本性、基础性、长远性作用。完善的社会信用体系,离不开一系列制度支撑。"十四五"期间,我们将建立健全失信行为认定、严重失信主体名单制度、公共信用信息目录制管理以及补充目录、公共信用信息系统建设、守信激励措施、失信惩戒措施清单制管理及补充清单限制范围、信用服务行业发展、信用主体权益保护等制度规范,为江苏社会信用体系法治建设立梁架柱。

> 🔍 **新闻速递**

2021年7月30日上午，江苏省人大常委会法工委通过网络"云发布"对《江苏省社会信用条例》进行介绍。条例已于7月29日下午在省十三届人大常委会第二十四次会议表决通过，自2022年1月1日起实施

优化信用基础设施。如果说铁路是工业时代的基础设施，网络是信息时代的基础设施，那么一套覆盖全社会的信用体系，则是信用时代的基础设施。江苏社会信用体系建设，起步于2014年，目前已建成公共信用信息的交换枢纽。"十四五"期间，江苏将统一全省公共信用信息目录，依托"信用江苏"网站，构建权威、便捷的一体化信用服务平台。积极探索信用嵌入便民、公益服务模式，打造"信用江苏"综合服务移动端品牌。探索基于大数据、云计算、区块链技术的新型信用基础设施，强化信用监管信息化平台支撑。

深化信用监管服务。2020年，江苏省政府出台《关于加快推进社会信用体系建设构建以信用为基础的新型监管机制的实施意见》，在全省390多个政务服务事项中开展信用承诺，在20多个行业、领域实施信用监管示范建设工作，开展信用分级分类监管，全面提高了行政监管效率。"十四五"期间，江苏将建立健全守信联合激励机制，进一步规范和健全

成绩单

江苏基础信息设施建设成效显著。现已建成省信用信息共享平台和"信用江苏"网站，截至2021年7月底，全省在库信息83亿条，覆盖1300万法人和7000万自然人。这个重要枢纽发挥了两个重要作用：一是辅助行政决策，在行政管理和公共服务中建立信用查询审查机制；二是服务市场主体，面向社会提供信用信息公示、查询等线上线下融合服务。

失信行为认定、记录、归集、共享、公开、惩戒和信用修复等机制；优化升级公共信用信息系统，深入开展公共信用综合评价、行业信用评价和市场信用评价，创新小微企业征信服务模式，推动"信用江苏"落地落实。

加快数字社会建设。当今时代，数字发展方兴未艾。我们要抓住机遇，加快推进数字城乡、数字社会建设，积极构建数字化生活场景，在车联网、感知网、智慧社区、智慧家庭、智慧养老、智慧医保等领域先行突破。全面推动实施公共服务"一件事"、社会治理"一类事"、政府运行"一项事"等"三清单"，推进政府治理的流程再造、部门协同和数据共享。围绕平安江苏、信用江苏、环境资源、智慧交通、智慧应急等领域，加快构建基于大数据的新型监管机制，加快建设全省一体化监管平台，提高事前预防、事中监管和事后处置能力。

新闻速递

推进"数字政府"建设是江苏"十四五"规划中的重要内容之一。2021年3月，江苏印发《2021年全省大数据工作要点》，提出要实施数据领航工程，着力提升公共服务、社会治理和政府运行等领域数字化智能化水平，推进"数字政府"规划建设。

第三节 筑牢安全发展底线

安全发展是国之所向，平安幸福是民之所望。无论社会发展到哪个阶段，安全都是人民群众的基本需求，必须将之作为一条不可逾越的红线。发展只有以安全为前提，统筹好安全与发展的关系，才能推动社会有序稳定地前进。

切实维护国家安全。 国家安全是安邦定国的重要基石。我们党要巩固执政地位，团结带领人民坚持和发展中国特色社会主义，保证国家安全是头等大事。当前，我国国家安全内涵和外延比历史上任何时候都要丰富，时空领域比历史上任何时候都要宽广，内外因素比历史上任何时候都要复杂，维护国家安全和社会稳定的任务十分艰巨。

坚决捍卫政治安全。政治安全是一个国家最根本的需求，是一切国家生存和发展的基础条件。历史和现实都充分表明，政治安全守住了，国才能长治久安，民才能安居乐业。踏上新征程，我们要健全维护国家政治安全工作体系，切实维护意识形态安全，大力开展国家安全宣传教育，增强全民国家安全意识，共筑国家安全人民防线。

全力保障经济安全。经济安全是国家总体安全的基础。我们要加强经济安全风险预警、防控机制和能力建设，实现重要产业、基础设施、战略资源、重大科技等关键领域安全可控。密切跟踪新一轮科技革命可能引发的安全隐患、观念冲击和风险传导，维护产业链和供应链安全。切实扛起粮食安全的政治责任，把饭碗牢牢端在自己手里。建立完善能源安全储备制度，维护油气战略通道和关键节点安全，提高高品质能源产品自给率。加强地方金融监管与金融风险监测预警，推进与重点关联领域协同监管，严厉打击各类非法金融活动。

第五章 | 提升省域治理整体效能

华为遭遇的"极限施压"再一次证明,中国不可能买来一个现代化,只有坚持科技自立,把关键技术、核心装备牢牢掌握在自己手中,才能从根本上保障国家经济安全,迈出高质量发展的铿锵步伐

提高生物安全治理能力。生物安全是国家安全体系的重要组成部分,涉及公共卫生安全、农业生物安全、生物资源安全、资源环境安全、防御生物恐怖袭击等多个领域,直接影响生态安全、生命健康安全和经济安全等各方面,必须高度重视,须臾不可放松。"十四五"期间,江苏将聚焦生物安全领域重大风险,提高风险识别和分析能力,从源头防范和遏制生物安全威胁。大力推进生物科技健康发展,支持生物安全领域基础研究和关键核心技术突破,提高应对生物安全事件的能力和水平。

> **小贴士**
>
> 江苏作为沿海开放型经济发达地区,外来生物入侵形势十分严峻,"十三五"期间,全省各地口岸共截获有害生物82.2万种次,其中检疫性有害生物9.96万种次,年均增长率分别达到近2.7%和1.5%。仅在2020年,就截获有害生物1796种、16.3万种次,其中检疫性有害生物141种、18270种次。种次数同比分别增长16.5%和14.4%。全国首次截获的检疫性有害生物2种。

我们的"十四五"

 硬核知识

生物安全实验室

国家卫生健康委办公厅于2021年1月23日发布了《新型冠状病毒实验室生物安全指南》第二版，强调病毒培养、动物感染试验应在P3实验室进行；未经培养的感染材料操作应当在P2实验室进行，采用P3实验室规范管理模式进行操作及防护，对于灭活材料的操作可在P2实验室中进行；而分子克隆等不含致病性活病毒的其他操作，可以在P1实验室进行。一般来说，相应等级实验室需要报经国家卫生健康委批准，取得相应资质，才能开展针对某种病毒的研究。P4实验室作为最高级别的生物安全实验室，是应对如埃博拉病毒、马尔堡病毒等高危险且无法预防和治疗的烈性病毒的利器。因此，P4实验室被誉为病毒学研究领域的"航空母舰"，也有人称之为"魔鬼实验室"。

维护网络空间安全。没有网络安全就没有国家安全。网络安全已成为我国面临的最复杂、最现实、最严峻的非传统安全问题之一。"十四五"期间，将着重加强网络安全保障体系和能力建设，切实保障关键信息基础设施、重要网络和数据安全，强化个人信息保护。深化开展"清朗""净网"等专项行动，持续净化网络生态环境。推进网络安全执法，有效防范、遏制和处置重大网络安全事件，严厉打击危害网络安全的违法犯罪活动。实施网信法治建设工程，增强全社会网络安全意识。

防范个人信息泄露八个妙招
- 网络购物要谨防钓鱼网站
- 妥善处置快递单、车票、购物小票等包含个人信息的单据
- 身份证复印件上要写明用途
- 简历只提供必要信息
- 不在微博、群聊等网络公共空间透露个人信息
- 慎在网上晒照片
- 慎重参加网上调查活动
- 免费Wi-Fi易泄露隐私

全面加强安全生产。2019—2020年，国务院对江苏省安全生产问题"开小灶"，进行专项整治。全省上下以前所未有的决心和力度抓好"一年小灶"专项整治，事故起数和死亡人数大幅下降。但也要清醒看到，安全生产形势依然严峻复杂，影响制约安全生产的基础性、源头性矛盾问题依然存在，总体上仍处于爬坡过坎期、攻坚克难期，必须下大力气把这项工作抓紧抓细抓实。

深化安全生产专项整治。深入推进安全生产专项整治三年行动，着眼"两个根本"（从根本上消除事故隐患，从根本上解决问题），聚焦化工（危化品）、冶金工贸、矿山、交通运输、建筑施工、火灾防控、渔业船舶等重点领域，科学谋划防控重大风险的硬招实招，着力破解基础性、源头性、制度性等突出问题，防范化解重大安全风险，坚决遏制重特大事故。

完善和落实安全生产责任制。责任制是安全生产的灵魂。要严格落实"党政同责、一岗双责、齐抓共管、失职追责"和"三个必须"（管行业必须管安全、管业务必须管安全、管生产经营必须管安全）要求，进一步压紧压实各方责任，构建齐抓共管的大安全格局。企业是安全生产的责任主体。要严格落实全员安全生产责任制，推动形成安全风险分级管控和隐患排查治理双重预防机制，提高企业安全生产水平。

系统提升本质安全水平。安全生产是一个系统工程，只有每个环节、每个方面、每个项目都抓实抓到位，才能抓出效果。要着力构建本质安全、绿色高效的现代产业体系，以产业"结构性调整"破解安全生产"源头性矛盾"。严格落实企业主体责任，把好安全生产第一道关，提升企业本质安全水平。增强城市安全规划的前瞻性和风险防范的系统性，建立健全风险辨识评估管控体系，提升城市本质安全水平。广泛普及安全生产知识，大力弘扬安全文化，提升全社会本质安全水平。

进一步提高社会公共安全保障能力。社会稳定和安全，是改革发展的重要保障。我国正处在公共安全事件易发、频发和多发期，维护公共安全的任务重要而艰巨。公共安全问题总量居高不下，复杂性加剧，潜在风险和新隐患增多，防控难度加大，给公共安全工作提出新的挑战。必须坚持人民至上、生命至上，把人民生命安全摆在首位，全面提高公共安全保障能力。

 典型案例

枫桥经验

20世纪60年代初，浙江诸暨枫桥的干部群众在社会主义教育运动中创造了"发动和依靠群众，坚持矛盾不上交，就地解决，实现捕人少、治安好"的"枫桥经验"。1963年，"枫桥经验"经毛泽东批示后在全国推广，50多年来历久弥新，成为我国政法综治战线的一面光辉旗帜。

为了更好地建设、巩固新生政权，1963年2月，中共中央决定在全国农村和部分城市开展社会主义教育运动。6月19日，浙江省委工作队进驻枫桥7个公社，开展运动试点。通过"说理斗争"，对作为教育改造对象的"四类分子"，即"地主、富农、反革命分子、坏分子"进行思想教育，监督其参与生产劳动，转变其世界观。没有逮捕一个人，干部群众就完成了农村社会主义教育运动所要求的任务，取得了良好的效果。

同年10月，公安部领导到浙江视察，发现了枫桥区没有捕人的经验，就立即向正在杭州视察的毛泽东作了汇报。毛泽东肯定地说，"这叫矛盾不上交，就地解决"，并指示要好好进行总结。11月20日，毛泽东在公安部递呈的全国人大二届四次会议书面发言稿上批示："要各地仿效，经过试点，推广去做。"

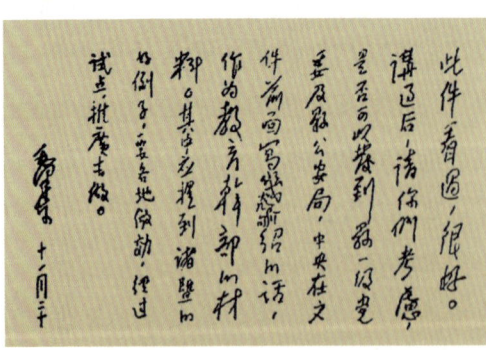
毛泽东批示手迹

第五章 提升省域治理整体效能

> 习近平同志高度重视坚持和发展"枫桥经验",2003年在浙江工作时,明确提出要充分珍惜"枫桥经验",大力推广"枫桥经验",不断创新"枫桥经验"。党的十八大以来,习近平总书记提出了一系列社会治理的新理念新思想新战略,特别是对坚持发展"枫桥经验"作出重要指示,要求把"枫桥经验"坚持好、发展好,把党的群众路线坚持好、贯彻好。实践充分证明,"枫桥经验"是党领导人民创造的一整套行之有效的社会治理方案,是新时代政法综治战线必须坚持和发扬的"金字招牌"。"枫桥经验"之所以历久弥新、富有活力,就在于始终依靠党的领导这一最大优势,始终坚守人民至上这一不变初心,始终弘扬改革创新这一时代精神,始终激活基层基础这一深厚本源。

预防化解社会矛盾。社会矛盾重重,人民群众难以心平气和,公共安全就无从谈起。要深入推进基层平安创建活动,坚持和发展新时代"枫桥经验",完善信访制度,畅通和规范群众诉求表达、利益协调、权益保障通道,以征地拆迁、工程建设、环境保护、教育卫生等领域为重点,最大限度把各类风险消弭在萌芽状态,各类矛盾解决在早、化解在小。

加强社会治安防控体系建设。创新社会治安防控体系,是维护公共安全的骨干工程。自2018年1月开展扫黑除恶专项斗争以来,截至2021年6月,江苏共打掉涉黑组织189个、恶势力犯罪集团586个,取得了对黑恶势力的压倒性胜利,社会治安整体环境明显改善,群众安全感和满意度明显提升。要持续完善扫黑除恶常态化机制,坚决防范和打击新型网络犯罪和跨国犯罪,重拳打击涉众型经济犯罪,因地制宜打击突出犯罪,强化社会治安重点地区排查整治。坚持专群结合、群防群治,建立健全立体化法治化专业化智能化社会治安防控体系。

防控食品药品安全风险。食品药品安全是重大的民生和公共安全问题,事关人民群众的生命健康安全,是严肃的政治问题、基本的民生问题、重大的经济问题、严谨的技术问题。"十四五"期间,要遵循"四个最严"要求,加强从"农田到餐桌"的食品安全全过程监管,确保"舌尖上的安全"。突出药品、医疗器械、化妆品、特殊食品等监管,实施疫苗质量安全放心工程,建立疫苗质量安全"省控线"。

强化应急管理体系和能力建设。我国是世界上自然灾害最为严重的国家之一,各类灾害风险和安全隐患交织叠加、易发多发,影响公共安全的因素日益增多。加强应急管理体系和能力建设,既是紧迫任务,又是长期任务。

完善应急管理体系。健全完善应急预案体系,建立预案动态调整机制,通过应急演练检验预案、磨合机制、锻炼队伍、提升能力。构建扁平化、可视化、移动化、智能化的应急指挥模式,提升基层应急能力,完善应急协同机制,增强区域联防联控和应急响应处置能力。完善应急救援力量体系,围绕"全灾种、大应急"目标要求,强化综合性消防队伍建设,布局建设一批安全生产和自然灾害专业救援力量,引导鼓励社会应急救援力量有序参与应急工作,打造集应急救援、预案演练、实操培训、物资储备等功能为一体的应急救援"综合体"。

健全物资储备体系。应急物资保障是有效应对各类突发事件的重要支撑。"十四五"时期,重点是优化物资储备品种、规模和结构布局,形成通用物资和专用物资相互支撑的物资储备格局,逐步构建省市县纵向衔接、横向互通的三级物资储备网络。坚持政府储备与社会储备、实物储备与协议储备相结合,推广合同储备、产能储备、技术储备和家庭储备等多元储备方式。

提升防灾减灾抗灾救灾能力。实施自然灾害防治重点工程,加强防灾减灾骨干工程建设,健全自然灾害防治处置体系,全面提升多灾种和灾害链的综合监测、风险识别、预警预报、精准治理水平。完善灾害事故信息发布制度,加强应急避难场所建设,推进防灾减灾知识宣传和普及教育。

> **典型案例**
>
> ### 全力防范应对台风"烟花"
>
> 2021年第6号台风"烟花"是有气象记录以来在江苏"滞留时间最长、过程雨量最大、影响范围最广、致灾因素最多"的台风,气象部门滚动预报风情雨情变化,水文部门开展洪水预报500余站次、实测流量2524测次,先后发布洪水预警23次,启动调整防台风、防汛应急响应3次;省应急、气象部门向省内外号码发送台风防御提醒短信1亿多人次、市域内外号码347万人次;转移危险区域人员459144人,组织24528艘船只回港避风,全省未发生人员伤亡和重大财产损失。

1. 习近平:《坚定不移走中国特色社会主义法治道路 为全面建设社会主义现代化国家提供有力法治保障》,《求是》2021年第5期
2. 习近平:《坚持走中国特色社会主义社会治理之路 确保人民安居乐业社会安定有序》,《人民日报》2017年9月20日

第六章 促进人与自然和谐共生

"鹭影飞舟何处饮,池杉岸柳初成荫。潘安五月雨蛙鸣,璀璨榴花千里沁。"曾几何时,潘安湖是典型的采煤塌陷地,可以用"灰头土脸"来形容。如今的潘安湖美不胜收,已经成为人工湿地,有着数百亩水域的荷花。潘安湖生态修复是江苏生态文明建设的一个样本。

绿色是生命的象征、自然的底色,更是美好生活的基础、人民群众的期盼。党的十八大以来,江苏深入贯彻习近平生态文明思想,大力推进美丽江苏建设,江海河湖联动发展格局不断优化,生态环境质量正在加快由局部好转向整体好转迈进,黄海湿地成功申报世界自然遗产,国家生态市县、国家生态文明建设示范市县、国家生态园林城市数量居全国前列,"水韵江苏"魅力更加彰显。

我们的"十四五"

第一节 提升生态环境质量

环境就是民生,青山就是美丽,蓝天也是幸福。对人的生存来说,金山银山固然重要,但绿水青山是人民幸福生活的重要内容,是金钱不能代替的。即使挣到了钱,但没有新鲜的空气,没有干净的水源,哪有什么幸福可言。良好生态环境是最公平的公共产品,是最普惠的民生福祉。尽管近几年来,江苏生态环境质量有明显改善,但更要清醒地看到,与老百姓的需求相比,在改善生态环境质量上我们还有很长的路要走。

> **重磅声音**
>
> 要牢固树立绿水青山就是金山银山的理念,守住发展和生态两条底线,努力走出一条生态优先、绿色发展的新路子。
> ——2021年2月3日至5日,习近平总书记赴贵州看望慰问各族干部群众时的讲话
>
> 要统筹山水林田湖草沙系统治理,实施好生态保护修复工程,加大生态系统保护力度,提升生态系统稳定性和可持续性。
> ——2021年3月5日,习近平总书记在参加十三届全国人大四次会议内蒙古代表团审议时的讲话
>
> 保护生态环境就是保护生产力,改善生态环境就是发展生产力,这是朴素的真理。我们要摒弃损害甚至破坏生态环境的发展模式,摒弃以牺牲环境换取一时发展的短视做法。
> ——2021年4月22日,习近平主席在"领导人气候峰会"上的讲话

深化大气污染联动协同防治。空气是人类赖以生存的宝贵资源，用之不觉，失之难存。谁都想生活在蓝天白云、繁星闪烁的美好环境当中。"十四五"期间，江苏将继续深入推进"蓝天保卫战"，推进 $PM_{2.5}$ 和臭氧浓度"双控双减"，基本消除重污染天气。持续开展重点化工园区和仓储码头综合治理，实施重点行业超低排放改造工程，开展"绿岛"建设试点。加强机动车尾气排放精细化管理，深化建筑工地、堆场码头和城市扬尘管控，让蓝天永存、白云常驻。

> **释疑解惑**
>
> **问** 什么是绿岛？
>
> **答** 所谓"绿岛"，就是按照"集约建设，共享治污"的总体思路，由政府投资或政府参与、多元投资，配套建有可供多个市场主体共享的环保公共基础设施，从而实现污染物统一收集、集中治理、稳定达标排放的集中点或片区。2020年3月，江苏启动2020年度全省"绿岛"项目纳入环保项目储备库申报工作，最终选取了首批106个"绿岛"项目。

全面推动流域水环境综合治理。水是生命之源。要持续开展"碧水保卫战"，强化污染源头治理和系统治理，加强长江流域水源地清理整治，实施有毒有害物质管控和防治，全面开展入江排污口整治和入江支流治理。提升南水北调东线水污染防治能力和水平，保障群众饮水安全。太湖流域治理是江苏生态文明建设的标志性工程，坚持"外源减量、内源减负、生态扩容、科学调配、精准防控"，系统推进新一轮太湖水环境治理，实现更高水平"两个确保"。推动江海河湖水质持续好转，水生态逐步恢复，书写"草丰鱼跃、人水和谐"的"水韵江苏"美丽画卷。

美丽的潘安湖湿地

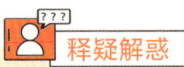

问　什么是"两个确保"?

答　确保饮用水安全、确保不发生大面积湖泛。

提升土壤污染治理能力。土地是生存之本、发展之基。"十四五"期间,要深入实施"净土保卫战",坚持预防为主、保护优先和风险管控,强化土壤分类管控和源头治理,强化土壤和地下水污染风险管控和修复,强化农业面源污染治理,全面提升土壤安全利用水平,到2025年,受污染耕地、污染地块安全利用率均达到90%以上。

深化生态文明制度创新。只有实行最严格的制度、最严密的法治,才能为生态文明建设提供可靠保障。面向"十四五",要构建激励与约束并重的现代环境治理机制,健全生态环境目标评价考核、绩效考核和责任追究制度。加强企业环境治理责任制度建设,严格落实生态环境损害赔偿制度,建立健全环境损害责任终身追究制。推动生态环境保护精细化管理,完善陆海统筹、天地一体的生态环境监测网络,实现重点区域、重要水域监测点位全覆盖。健全环境公益诉讼制度,提高生态环境司法保护水平。完善环保信用评价制度,开展绿色等级评定,健全环保"领跑者"机制。

构建生态产品市场交易体系，加快建立生态产品价值实现机制，大力发展绿色信贷、绿色融资担保、绿色债券、绿色保险。

第二节 构建绿色生产生活方式

2020年9月，江苏省生态环境厅联合江苏省文明办、江苏省住房和城乡建设厅、共青团江苏省委、江苏省妇女联合会、江苏省工商业联合会共同印发《江苏生态文明20条》，成为全国首个省级生态文明公约，得到社会各界的广泛响应和践行，公众关心环境、参与环保的行动更加自觉。

推动形成绿色发展方式和生活方式，是发展观的一场深刻革命。生态环境问题归根结底是发展方式和生活方式问题。2021年2月，国务院印发《关于加快建立健全绿色低碳循环发展经济体系的指导意见》。《指导意见》明确，到2025年，生产生活方式绿色转型成效显著；到2035年，广泛形成绿色生产生活方式，为我们发出了绿色行动的动员令。

 **硬核知识**

绿色发展领军企业计划

江苏以生态环境高水平保护促进经济高质量发展，其中一条重要措施就是加大源头治理力度，实施绿色发展领军企业计划。即围绕推动传统产业绿色转型升级，在钢铁、石化、印染等重点行业培育一批绿色龙头企业，精准投放政府补贴、税收优惠、绿色金融、应急管控停限产豁免等激励政策，推动企业主动开展清洁用能改造、生产工艺改造、污染治理设施提标改造，不断提高清洁生产水平，让更多企业享受到停限产豁免政策的"红利"。

推动绿色转型。当前，网购已成为人们的日常消费方式。有关数据显示，仅2020年6月18日大促销活动当天，江苏省快递揽收量达到了3100万件，同比增长35%；快件投递量超过2000万件，同比增长40%。由此产生的快递包装的回收处理问题日益突出。据计算，每循环使用一个快递纸箱，就可以减少约37克碳排放。由此可见，推动绿色生产、绿色消费是一项十分重要而紧迫的任务。"十四五"期间，要大力发展循环经济，深入推进企业循环式生产、园区循环化改造、产业循环型组合，构建废旧资源回收和循环利用体系，全面推进新能源汽车动力蓄电池、快递包装废弃物等回收利用，加强建筑垃圾、餐厨废弃物等无害化处置及资源化利用，深化秸秆综合利用。要加快推动低碳发展，统筹推进碳排放碳中和工作。鼓励企业选择绿色材料、实施绿色采购、打造绿色制造工艺、推行绿色包装、开展绿色运输，实现产品全周期的绿色环保。以生活方式的绿色转型倒逼生产方式的绿色转型，促进绿色产品消费，鼓励地方采取补贴、积分奖励等方式促进绿色消费。推进节约型机关、绿色家庭、绿色学校、绿色社区、绿色出行、绿色商场、绿色建筑等创建活动，推动衣食住行用游全领域、全方位、全环节的绿色化升级。倡导绿色低碳生活，深入开展反过度包装、反粮食浪费、反过度消费行动，大力倡导简约适度、绿色低碳的生活方式和消费方式。

释疑解惑

问 什么是碳中和？

答 通过计算日常活动直接或间接制造的二氧化碳排放总量，并计算抵消这些二氧化碳所需的经济成本，然后通过植树或其他环保项目等方式把这些排放量抵消掉，以达到环保的目的。

构建行动体系。近年来，生态环境部、住房和城乡建设部在全国推动环保设施和城市污水垃圾处理设施向公众开放工作。截至2021年7月，江苏已确立 87 个开放点。"十四五"期间,要进一步发挥企业作用,动员和引导企业积极参与生态价值理念和生态文化传播,主动履行企业环境社会责任。鼓励排污企业在确保安全的前提下,通过深化环保设施开放、设立企业开放日、建设教育体验场所、开设环保课堂、开展生态文明公益活动等形式,积极参与绿色行动体系建设。实现从"人人看到环境问题"到"人人参与解决环境问题"还有一个较长过程,要主动加强引导、主动搭建平台、主动畅通渠道,发挥环保社会组织的号召力和影响力,使其成为生态环境事业的同盟军和生力军。广泛进行社会动员,让更多的公众积极参与生态环境保护,让美丽江苏建设更加深入人心,让"人与自然和谐共生"的理念在全社会牢固树立、广泛实践、结出丰硕成果。

 典型案例

常州市垃圾焚烧发电项目

常州市垃圾焚烧发电项目有着全国唯一建在社区里的垃圾焚烧发电厂。该项目主动拆除厂区围墙,把居民"请进来",在厂区内建成环保科普馆、图书馆、篮球场、咖啡屋、街心花园等便民惠民设施,成为国内首个无围墙、全开放、超低排放、设施惠民的"邻利工厂"和"城市客厅"。

我们的"十四五"

> **现场直击**

"同饮一江水,共筑绿篱笆"绿色组织在行动

"一个篱笆三个桩,一个好汉三个帮"。2019年10月,江苏省生态环境厅在沿江八市开展"同饮一江水,共筑绿篱笆"绿色组织在行动活动,组建首批长江大保护"绿篱笆"先锋队,鼓励省内环保社会组织积极参与长江生态环境调查研究、治理监督以及宣传教育等工作,传播绿色理念,化解环境矛盾,促进社会共治,凝聚和动员更多社会力量,共同推进长江大保护,形成一道美丽的"绿篱笆"。

加强宣传教育。生态文明建设同每个人息息相关,每个人都是践行者、推动者。美源于心,境成于行。自2004年以来,"江苏美境行动"已连续开展18年,鼓励全省各地大、中、小学的在校学生利用现有知识技能和生活经验,整合家庭、学校、社区的环境资源,设计并实施环保方案。通过小手拉大手,让孩子影响家庭,家庭推动社会,呼吁每个人都行动起来,为建设美丽江苏作出了积极贡献。"十四五"期间,要积极建设生态文化公共服务体系,不断创作生态文化精品,不断播撒"绿色"种子,让公众在潜移默化中受到教育。用好用活江苏生态环境代言人"苏小环"、环保卡通形象"净净",打造有江苏特色的生态文化品牌。要保护传承弘扬长江文化和大运河文化,讲好大江大河"江苏故事"。

孩子们积极参加"江苏美境行动",提高生态文明意识,培养良好的社会责任感

第三节
共同建设美丽宜居幸福家园

建设美丽江苏，共创幸福家园，要充分彰显自然生态之美、城乡宜居之美、人文特色之美、文明和谐之美、绿色发展之美，让美丽江苏美得有形态、有韵味、有温度、有质感，成为"强富美高"最直接最可感的展现，成为江苏基本实现社会主义现代化的鲜明底色。

提升城乡人居环境质量。环境也是竞争力。城乡人居环境质量能否得到有效改善，事关新发展理念的落实，事关全面建成小康社会的成色，事关人民群众获得感、幸福感、安全感的提高。

营造城市宜居环境。大力实施城市"增绿添园"，优化公园、绿廊、居住区和单位绿化等绿地生态系统，完善城市"公园绿地10分钟服务圈"和城市林荫系统。系统推进海绵城市建设，全面实施城市雨污分流，巩固城市黑臭水体整治成效，深化城市易淹易涝片区治理。

着力改善农村人居环境。中国要美，农村必须美。只有农村人居环境改善了，农民幸福指数才能提升。"十四五"期间，要建设绿美村庄，推动农村生活垃圾分类处理、生活污水处理设施建设改造和无害化卫生户厕全覆盖。开展农村水环境综合整治，建设农村生态河道和生态清洁小流域，加大农村生活污水治理力度，全面消除农村黑臭水体。

完善城乡环境基础设施布局。城乡环境基础设施建设是打好污染防治攻坚战、加强生态文明建设的重要抓手，也是增强城乡功能的有力举措。推进城镇污水全收集、全处理，提高生活污水综合处理水平。因地制宜建设农村生活污水处理设施。全面推进城市固体废弃物处理及其配套设施集约化建设。提升生活垃圾分类处置和资源化利用能力，在农村全面建立"户分类投放、村分拣收集、镇回收清运、有机垃圾生态处理"的分类收集处理体系，全省城市到2025年基本建成生活垃圾分类投放、收集、运输、处置体系，垃圾分类集中处理率达到95%。

- 生态文明建设需要我们每个人的参与。只有大家环保意识增强了，更加爱护环境了，我们生活的地球村才会越来越漂亮。
- 生态文明建设关乎人民幸福，绿色让生活更美好。
- 我们的生活不仅要富在物质上，更要富在"颜值"上。蓝天白云越来越多，我们的生活品质也越来越高。

构建绿色便捷美好生活圈。出门见绿，步行游园，可健身、休闲、娱乐、亲近自然……绿色让生活更美好。必须大力营造便捷、舒适、优美的公共绿色活动空间，做强生态惠民这篇大文章。

建设美丽宜居住区。美丽宜居住区建设是推进美丽江苏建设的主抓手。要因地制宜推进老旧小区（住房）系统整治、既有住区改善提升和新建住区建设提标。进一步开展现有住宅加装电梯、无障碍通道等适老化改造，有效提升住房保障水平和群众居住品质。加快补齐出行、停车、寄递、安全等公共基础设施和功能配套短板。强化社区公共服务功能配套完善，构建"15分钟社区服务圈""10分钟公园绿地服务圈""10分钟体育健身圈""5分钟便民生活圈"。

南通市崇川区某老小区改造前后

倡导绿色时尚生活方式。绿色低碳的生活方式是一种勤俭节约、文明健康的现代生活方式。"十四五"期间，要引导全社会自觉践行节约适度、绿色低碳、文明健康的生活方式和消费模式。践行"光盘行动"，全面推行"限塑令"。优先发展公共交通，开展绿色出行创建活动。弘扬科学精神，广泛动员群众参与爱国卫生运动，引导全社会养成节水节电节气、垃圾分类投放、使用公勺公筷、拒食野味、绿色出行等健康文明生活习惯。

> **小贴士**
>
> "绿色车轮"计划：鼓励新能源汽车消费，推进公交、邮政、环卫、通勤、物流等领域全面采用新能源汽车或清洁能源汽车。推广使用新能源非道路移动机械，2023年起对港口、机场和企业等场内56千瓦以下中小功率非移动机械，实施新能源或清洁能源替代。

延伸阅读

1.《国务院关于加快建立健全绿色低碳循环发展经济体系的指导意见》（国发〔2021〕4号），2021年2月2日
2.《中共江苏省委、江苏省人民政府关于深入推进美丽江苏建设的意见》，《新华日报》2020年8月13日

第七章 加强社会主义精神文明建设

淮海大地，潘安湖畔，金马河边，镶嵌着一颗璀璨的文明之珠——马庄。几十年来，马庄村一直坚持"文化立村，文化育人"的理念，争做精神文明的"排头兵"，用先进文化带动全村发展。2017年12月，习近平总书记来到马庄村，对马庄村的精神文明建设给予充分肯定。如今，马庄农民乐团被评选为"全国十大农民艺术团"之一，总投资上亿元的马庄文化大集工程正在如火如荼地建设，将成为展示马庄文化和百姓精神风貌的又一个亮丽窗口。

我们的"十四五"

第一节 强化思想价值引领

历史无数次证明，一个国家和民族，只有挺起精神的脊梁才能屹立不倒。新时代新征程上，必须一刻不停用先进思想理论武装起来。

学习宣传党的科学理论。近年来，江苏切实抓好习近平新时代中国特色社会主义思想的学习宣传贯彻，突出学好《习近平谈治国理政》（第一、二、三卷）、《习近平新时代中国特色社会主义思想纲要》、《习近平新时代中国特色社会主义思想学习问答》，在全省广泛开展解放思想大讨论活动，不断用习近平新时代中国特色社会主义思想解放思想、统一思想。建好用好"学习强国"江苏学习平台，持续开展党员干部轮训和基层党员冬训，策划推出一大批电视理论节目和通俗理论读物，不断兴起学习宣传热潮。

百集微纪录片《百炼成钢：中国共产党的100年》由中央党史和文献研究院、国家广播电视总局、中共江苏省委联合出品，是献礼2021年建党100周年的重大主题创作。该微纪录片采取短小精悍的短视频形式，撷取中国革命、建设、改革、复兴历程中的100个重要事件，用100个历史故事反映出百年大党的光辉历程和伟大成就

"十四五"期间,要持续学懂弄通做实习近平新时代中国特色社会主义思想,针对不同受众群体特点和信息传播新趋势,努力构建接地气、有生气、富有吸引力感染力的大众话语体系,推动党的创新理论"飞入寻常百姓家"。

加强理想信念教育和爱国主义教育。理想信念是安身立命之根本所在,是干事创业的不竭动力。要推动理想信念教育常态化制度化,加强党史、新中国史、改革开放史、社会主义发展史学习教育,加强爱国主义、集体主义、社会主义教育,对分布在全省各地的3000多处革命遗址加强保护和利用,大力弘扬党和人民在各个历史时期奋斗中形成的伟大精神,不断传承红色基因、赓续精神血脉。

践行社会主义核心价值观。对一个民族、一个国家来说,最持久、最深层的力量是全社会共同认可的核心价值观。社会主义核心价值观植根于中华文化沃土,熔铸于我们党领导人民长期奋斗的伟大实践,是社会主义先进文化的精髓,是当代中国精神的集中体现。实现"十四五"目标,要自觉践行社会主义核心价值观,通过宣传教育、示范引领、文化熏陶、制度保障等,把社会主义核心价值观转化为人们的情感认同和行为习惯,凝魂聚气、强基固本,促进全体人民在思想上精神上紧紧团结在一起。

 硬核知识

社会主义核心价值观

习近平总书记曾这样总结24字的社会主义核心价值观:"富强、民主、文明、和谐是国家层面的价值要求,自由、平等、公正、法治是社会层面的价值要求,爱国、敬业、诚信、友善是公民层面的价值要求。这个概括,实际上回答了我们要建设什么样的国家、建设什么样的社会、培育什么样的公民的重大问题。"

实施公民道德建设工程。国无德不兴,人无德不立。近年来,江苏深入开展公民道德建设和群众性精神文明创建,涌现出了赵亚夫、王继才等全国"时代楷模",文明城市数量全国第一。要持续深化社会主义思想道德建设,加强社会公德、职业道德、家庭美德、个人品德建设,激发人们崇德向善的力量。要广泛开展时代楷模、道德模范、最美人物等各类典型选树和学习宣传活动,推进志愿服务和诚信建设制度化。要持续深化群众性精神文明创建活动,大力培育文明乡风、良好家风、淳朴民风。

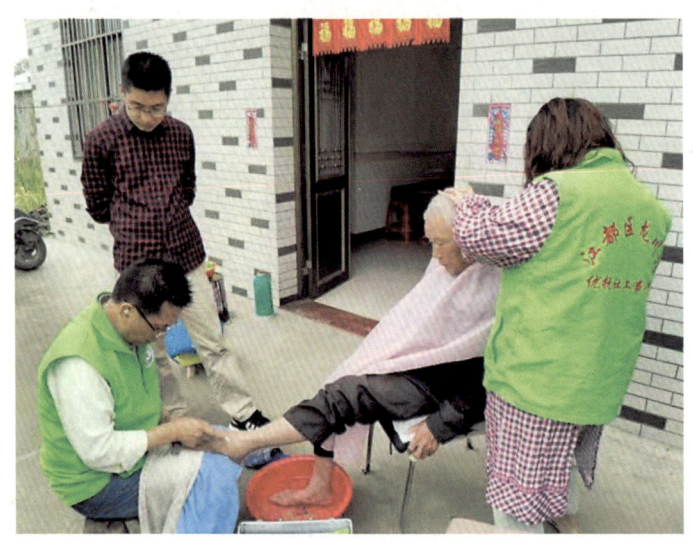

扬州市志愿者前往老兵家中,给他们免费上门提供理发、修脚等服务

 硬核知识

志愿服务

2017年10月18日,习近平总书记在党的十九大报告中指出,推进诚信建设和志愿服务制度化,强化社会责任意识、规则意识、奉献意识。2017年12月1日起,国务院颁布的《志愿服务条例》正式施行。这是我国第一部关于志愿服务的专门性法规,全面规定了志愿服务的基本原则、管理体制、权益保障、促进措施,标志着我国志愿服务事业站在了新的起点上,进入了新的发展阶段。

>  网言网语
>
> ▶ "高质量"最根本地体现在高度的文化自信自觉上,体现在精神家园的建设水平上,体现在把全体人民在理想信念、价值理念、道德观念上紧紧团结在一起。
>
> ▶ 社会主义核心价值观只有以群众的视角贴近社会现实,以真挚的感情贴近百姓生活,才能更好地赢得群众的理解和认同。

第二节　彰显江苏文化特色魅力

2021年3月1日,旅游宣传片《水韵江苏·有你会更美》登陆央视。该片以创新性、时代性、开放性和国际视野,紧扣江苏"水"和"文化"的资源特色,彰显江苏精神和气质。水,是江苏的特色,亦是江苏的优势。韵,是人与情交织千年的文脉流韵,是江苏的气质。"水"为天赋,"韵"在人和。"水"与"韵"的交织平衡,共同成就了"上善若水,人杰地灵;吴韵汉风,各擅所长"之"水韵江苏"的特色魅力。

江苏是中华文化的重要发祥地之一，自古钟灵毓秀、人文荟萃，文化资源丰富，文脉深厚悠远。生活在这里的人们，推动了江南文化、运河文化、长江文化的孕育、形成和发展，创造了吴文化、金陵文化、维扬文化、楚汉文化等特色鲜明的地域文化，形成了水韵江苏、吴韵汉风的深厚底蕴和独特魅力。万里长江，千古运河；湖泊温润，海洋辽阔；水网交织，江河纵横。水，造就了江苏特有的气质，像长江一样奔腾不息、勇往直前，像大运河一样不舍昼夜、负重前行，像大海一样胸襟博大、开放包容。

大运河淮安段

弘扬优秀传统文化。新时代江苏文化高质量发展，关键要有更具特色、更有显示度的文化标志和标识。要实施优秀传统文化资源普查工程，推进江苏文脉整理研究与传播工程，全面探清文化家底。要本着科学的态度，对优秀传统文化坚持古为今用、洋为中用，辩证取舍、推陈出新，使之与现实文化相融相通。要做好创造性转化，对那些至今仍有借鉴价值的内涵和陈旧的表现形式加以改造，赋予其新的时代内涵和现代表达形式，激活其生命力。要推动创新性发展，按照时代的新进步新进展，对优秀传统文化的内涵加以补充、拓展、完善，增强其影响力和感召力。

成绩单 ★★★★★

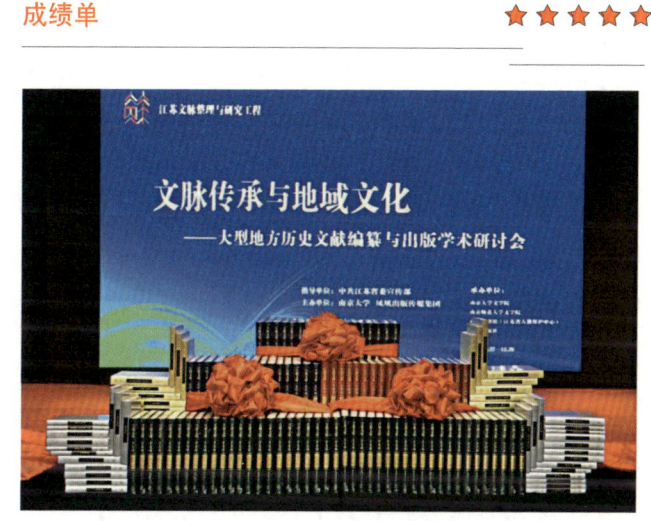

江苏于2016年启动"江苏文脉整理与研究工程"，计划用10年时间全面梳理江苏历史文化发展脉络，编纂总规模3000册的《江苏文库》。《江苏文库》由书目、文献、精华、史料、方志、研究六编组成，将收录近1万种文献。2018年，首批成果86册出版；2019年，第二批成果182册出版；2020年底，第三批成果217册公开亮相，其中包括文献编51册，史料编49册，方志编73册，精华编30册，研究编14册。图为《江苏文库》第三批书目公开亮相。

- 保护好传承好利用好优秀文化遗产，不仅仅是对历史负责，更是对未来负责。
- 长江与大运河，这一横一竖是江苏最重要的水系，它们一东西、一南北，构建了江苏文化的整体特色，要让长江文化、运河文化成为最具显示度的江苏文化名片。
- 不忘本来才能开辟未来，善于继承才能更好创新。对传统文化，我们应该多一份尊重，多一份敬畏，多一份珍惜，多一份思考。

打造优质载体。锻造江苏文化标识，打造优质载体是其中重要的一环。要主动对接"一带一路"建设，主动对接长江经济带发展、长三角区域一体化发展等国家战略，打造重大文化工程、高端文化论坛、重点文化展会、品牌文化活动、特色文化小镇、国家文化公园等具有鲜明江苏特色的平台载体，在国内外打响江苏的文化品牌、文化名片。要实施国家级非物质文化遗产代表性传承人记录工程，打造一批非遗创意基地和非遗旅游体验基地。要加强历史文化名城名镇名村保护发展，推进历史文化街区保护修缮和当代复兴，实施民俗文化保护传承工程、传统工艺振兴计划，打造一批民间文化艺术之乡。

创新传播方式。熔铸江苏标识，必须在高水平文化生产传播上下功夫，主动融入时代潮流，更加突出创新驱动，让江苏文化走向"远方"。要用好"旅游+"，推进文化和旅游融合发展，依托红色资源、自然风光、人文底蕴等，大力发展红色旅游、文化遗产旅游、研学旅游、工业旅游、乡村旅游等业态。用好"艺术+"，借鉴原创史诗歌剧《鉴真东渡》、大型历史歌剧《运之河》的成功经验，努力推出一批充分体现中国风格中国气派、江苏特色江苏精神的文化精品。用好"教育+"，实施昆曲、锡剧、扬剧、淮剧等地方戏振兴和保护工程，推进戏曲进校园、进乡村。用好"数字+"，给优秀传统文化插上"现代翅膀",让优秀传统文化活起来、动起来,更富时代感、更具传播力。用好"媒体+",大力推进媒体深度融合,打造具有全国影响力的新媒体品牌平台,更好地传播江苏好声音、讲好江苏故事。

原创史诗歌剧《鉴真东渡》

高品质建设大运河文化带示范样板。运河文化是最具显示度的江苏文化标识。作为中国大运河文明的制高点,大运河江苏段遗产类型多样、数量丰富。其中,列入《世界遗产名录》的遗产区核心面积约占全国的一半、遗产河段长度约占全国的三分之一、遗产点数量约占全国的40%。"十四五"期间,要积极推进大运河文化带和大运河国家文化公园建设,建好用好中国大运河博物馆、大运河国家文化公园数字云平台等标志性项目,办好世界运河城市论坛、大运河文化旅游博览会,打造大运河文化保护、传承、利用的"江苏样板",使之成为江苏文化建设高质量的鲜明标志和闪亮名片,让人们一提起运河就想到江苏,欣赏运河之美首选江苏,研究运河文化必到江苏,展示运河形象向往江苏。

我们的"十四五"

扬州中国大运河博物馆占地200亩,总建筑面积约8万平方米,主体由大运塔和博物馆两部分组成,是集文物保护、科研展陈、休闲体验为一体的现代化综合性博物馆,于2021年6月16日开馆

 硬核知识

大运河文化带

中国大运河特指隋唐大运河、京杭大运河和浙东运河,是三段运河的合称,2014年6月22日被正式列入《世界遗产名录》。2017年6月,习近平总书记就大运河文化带作出重要批示,指出大运河是祖先留给我们的宝贵遗产,是流动的文化,要统筹保护好、传承好、利用好。所谓大运河文化带,即以运河文化保护、传承、利用为指导,以运河水工遗存、附属设施和相关遗存为基础,以运河物质遗产和非物质遗产为主要对象,以运河文化产业和文化事业为主要载体的带状功能区域,地跨北京、天津、河北、山东、江苏、浙江、河南和安徽八个省市。

第三节 创新发展文化事业产业

"我要走进你的心灵，倾听你炽热的诉说；我要走进你的世界，探寻你青春的蓬勃……"2021年4月23日晚，大型交响组歌《雨花台——信仰的力量》响彻国家大剧院，台上激情澎湃，台下热泪盈眶。以《雨花台——信仰的力量》为典范的立足文化资源、激发创意能量的文化事业产业，有力推动了我们在新时代讲好江苏故事、传播好江苏声音。

大型原创交响组歌《雨花台——信仰的力量》在国家大剧院音乐厅上演

发展文化事业产业，既是满足人民群众多样化、多层次、多方面精神文化需求的重要途径，也是推动经济结构调整、实现高质量发展的有力支撑。近年来，江苏坚持把文化建设摆在全局工作的战略位置，着力推动文化事业产业创新发展、融合发展、开放发展、特色发展，率先建成五级公共文化设施网络体系，文化产业增加值占全国比重超过十分之一。新时代新征程，必须在把握时与势中抓谋划，在遵循发展规律中抓创新，在扛起使命担当中抓推进，推动文化事业全面繁荣和文化产业快速发展。

小贴士

2019年,江苏深入推进"记录江苏"工程。具体包括三项内容:一是围绕未来3—5年的重大时间节点、重大历史事件等,实施内容精品孵化计划;二是向市场拓展强壮主体,加大对优质内容生产企业的支持力度,重点培育一批龙头企业;三是向政策拓展优化服务,建立"丰"字结构的内容创作生产服务机制,省级层面综合施策、市级层面强化扶持、县级层面因地制宜,提供纵贯串联的内容创作生产服务。

加强文艺精品创作生产。 文以载道,文以传情,文以植德。文艺繁荣兴盛,最终还要靠精品支撑。近年来,江苏文艺创作硕果累累,话剧《雨花台》、滑稽戏《陈奂生的吃饭问题》等获得全国"五个一工程"奖,淮剧《小镇》、苏剧《国鼎魂》等获得"文华大奖"。"知常明变者赢,守正创新者进",创新是文艺的生命。"十四五"期间,要加强对重大题材作品、重点文艺项目的规划引导、扶持激励,高水准推动各门类文艺作品特别是影视作品创作生产,努力推出更多更有影响力的精品力作。实施文艺作品质量提升工程,实施舞台艺术精品创作扶持工程,实施"记录江苏"精品创作工程,实施网络文艺创作传播工程,实施文艺"名师带徒"计划,推进紫金文化人才培养工程,加快培养文化名家、文化英才、文化优青,着力打造一支结构合理、创造力强的"文化苏军"。

网言网语

➤ 没有优秀作品,其他事情搞得再热闹、再花哨,那也只是表面文章,是不能真正深入人民精神世界的,是不能触及人的灵魂、引起人民思想共鸣的。

➤ 文化是最需要创新的领域,"不日新者必日退"。在人类发展的每一个重大历史关头,文化都能成为时代变迁、社会变革的先导。

提升公共文化服务水平。 公共文化服务是一项润物无声的文化事业。党的十八大以来,江苏不断完善公共文化服务体系,已基本建成五级公共文化设施网络体系,在全国率先实现"三馆一站"免费开放,全省国家一级图书馆、文化馆、博物馆总数居全国第一。"十四五"时期,要加快城乡公共文化服务体系一体建设,完善公共文化设施网络,推进重大文化设施建设工程,改造提升一批街头巷尾的公益性小剧场,构建一批特色公共文化空间。推动公共文化设施免费开放、错时开放和延时开放,鼓励开展夜间主题服务。统筹城乡文化基础设施资源,促进农村公益电影放映、文体活动等服务供给提质增效。完善现代公共阅读设施群和服务体系,全面建设"书香江苏"。着力推动城乡公共文化设施从"有没有"向"好不好"转变,让公共文化产品和服务更好走进人们的生活空间。

> **小贴士**
>
> "十四五"期间着力推进的重大文化设施项目:江苏革命历史纪念馆、江苏文学馆、江苏省自然科学技术馆、南京国际和平中心(南京国际和平博物馆)、南京博物院故宫馆建设及故宫南迁文物库房改造、工人文化宫建设(改造)工程,等等。

世界读书日,江苏宿迁读者进店享书香

健全现代文化产业体系。文化高质量发展,离不开健全的现代文化产业体系和市场体系。江苏有着良好的产业基础,有条件在现代文化产业的"高原"上,涌现更多的"高峰"。要完善文化产业规划和政策,实施文化产业竞争力提升计划和文化产业数字化战略,系统挖掘文化底蕴、内涵和价值。积极发展文化创意设计、影视出版等产业,大力发展现代新兴媒体、数字出版、动漫游戏、网络视听等新型业态,形成特色鲜明的江苏文化符号。加大文化消费内容供给,鼓励支持社会力量参与文化基础设施建设,鼓励和引导农村居民增加文化消费。

增强江苏文化国际影响力。近年来,从"江苏风韵"奏响维也纳金色大厅,到"中国百家金陵画展"办进世界顶级艺术殿堂卢浮宫,再到"江苏文化周"频频亮相世界舞台,都是江苏通过文化交流推进"一带一路"建设的生动缩影。"十四五"期间,要进一步扩大文化开放,打造江苏标识,讲好江苏故事,增强江苏文化的国际影响力亲和力。强化"水韵江苏""感知江苏""江苏中华文化云课堂""江苏文化嘉年华"等文化交流品牌、渠道和平台建设,深化中外学术交流和民间文化交流。实施江苏视觉形象建设工程,推动省主流媒体与境外媒体深度合作,构建海外新媒体矩阵,提升新媒体传播力。加强国家公祭对外传播,建设南京国际和平城市。着力推动江苏文化不仅"走出去",更要"走得远、走得稳"。

延伸阅读

1.《创造中华文化新的辉煌——关于建设社会主义文化强国》,《习近平总书记系列重要讲话读本》,学习出版社、人民出版社 2014 年版
2.习近平:《坚定文化自信 建设社会主义文化强国》,《求是》2019 年第 12 期

第八章 塑造改革开放新优势

江苏40多年改革开放历程,浓墨重彩、写满辉煌,经济发展实现了历史性跨越,"富起来"的梦想变成生动现实,城乡大地发生沧桑巨变,社会文明实现了质的飞跃,为全国大局作出重大贡献。实践证明,改革开放是江苏经济社会发展的鲜明特质、制胜法宝。

第一节 建设高标准市场体系

市场体系是社会主义市场经济体制的重要组成部分和有效运转基础。改革开放以来，特别是党的十八大以来，我国市场体系建设取得长足进展，市场在资源配置中的决定性作用日益增强，市场发展环境持续改善。与此同时，一些束缚市场主体活力释放的体制机制障碍依然存在，这对市场体系建设提出了新的更高要求。"十四五"时期，我们要以要素市场化配置和产权制度改革为重点，更大力度建设统一开放、竞争有序、制度完备、治理完善的高标准市场体系。

完善要素市场化配置机制。推进要素市场化配置改革，是建设高标准市场体系的重点和难点。"十四五"时期，要坚持深化市场化改革，破除阻碍要素自由流动的体制机制障碍，扩大要素市场化配置范围，实现要素价格市场决定、流动自主有序、配置高效公平。

推进土地要素市场化配置改革。新中国成立以来土地改革的历史"印记"，见证了市场在土地资源配置中决定性作用的逐步发挥，土地要素市场成为社会主义市场体系基础性组成部分，土地要素红利不断释放，成效十分显著。"十四五"时期，要推进工业用地供应方式改革，鼓励以长期租赁、租让结合、先租后让、弹性出让等方式配置工业用地。推动土地储备转型发展，促进土地资产合理配置和高效利用。运用市场化机制盘活城镇低效闲置等存量建设用地。探索建设用地增减挂钩管理新模式，有序推进省域内补充耕地指标易地调剂。

推动劳动力要素合理有序流动。劳动力要素是生产要素中最为关键的要素。要畅通人力资源流动渠道，积极推进长三角城市群户籍准入年限同城化累计互认。完善机关企事业单位人才交流机制，畅通人才跨所有制流动渠道，探索从留学回国、"两新"组织等人才队伍中选拔机关事业单位急需紧缺的高层次专业人才。鼓励人才向苏北、基层一线和特殊行业流动，建立苏南、苏北人才挂钩合作机制。

推进资本要素市场提档升级。积极支持符合条件的企业根据所属行业、企业规模、科技水平和经营业态等特征，精准选择登陆主板、创业板、科创板或新三板精选层，提高直接融资比重。支持中小微企业在新三板挂牌。支持江苏区域性股权市场做强做优。积极稳妥开展基础设施领域不动产投资信托基金（REITs）试点。鼓励省内法人证券、期货公司引入战略投资者，充分利用资本市场增强实力，提升行业地位。支持省内法人商业银行及相关主体依法设立公募基金。支持符合条件的民营企业发起设立民营银行。深化地方特色金融改革，支持开展数字人民币、跨境金融合作、科创金融、绿色金融、金融支持产业转型升级改革等试点。

加快发展技术要素市场。完善科技创新资源配置方式，推动建立以企业为主体、市场为导向、产学研深度融合的技术创新体系。支持和鼓励企业牵头或参与国家重大科技项目和省科技计划项目。培育建设一批高质量创新载体。深化科技成果使用权、处置权和收益权改革，开展赋予科研人员职务科技成果所有权或长期使用权试点。放大省产业技术研究院改革成效，探索引进国际一流领军人才担任项目经理。支持省技术产权交易市场创新管理体制，建立汇苏技术转移人才培养体系。支持国际科技创新合作，健全完善双边产业研发合作共同资助机制，争取开展海外人才创新创业、技术移民等试点。更新修订江苏技术进口目录，支持各类科技机构加大对核心技术的引进力度。

培育发展数据要素市场。数据已成为数字时代的基础性战略资源和革命性关键要素，是全球新一轮产业竞争的制高点。要突出数据的战略资源和核心要素地位，规范数据资源的所有权、使用权、收益权和处置权。支持引导骨干大数据企业、基础电信企业及行业协会商会等社会组织主动开放数据。完善数据隐私保护制度和安全共享机制。

> **★ 典型案例**
>
> ### 隐私信息泄露极易发生
>
> 鲁某为自己的朋友庞某在某平台订购了DF航空公司的机票一张。在购票过程中，鲁某并未填写过庞某的手机号。两天后，庞某的手机却收到了通知其航班取消的诈骗短信。未曾留存过的手机号却被诈骗团伙获知，甚至匹配出自己的姓名和航班信息，庞某认为其个人隐私信息被代理公司QN公司和DF航空公司泄露，一纸诉状将两个公司诉至法庭。最终二审法院认定两被告应当承担侵权责任。
>
> 实践中，许多网络信息平台在商业利益诱惑下，将所收集的消费者隐私信息数据用于其他用途或是出售给第三方，导致大量隐私信息泄露。同时，在数据保护技术不成熟、数据保护意识不强、数据保护力度不足的情况下，数据库中的个人隐私信息也极易泄露，并存在被恶意使用的风险。层出不穷的信息泄露事件提醒我们，要重视数据信息保护，强化隐私信息的合法收集、限制使用与安全储存。

健全市场决定价格机制。价格机制是市场机制的核心。在市场经济中，价格具有高度灵敏性和灵活性。改革开放之初，商品和服务价格97%由政府决定；到2020年，已转变为97%由市场决定。要进一步完善主要由市场决定价格的机制，将政府定价范围主要限定在重要公用事业、公益性服务、网络型自然垄断环节。进一步推进水、电、天然气和交通运输等重点领域价格改革，放开竞争性环节价格。加强行政事业性和政府定价经营服务性收费管理，进一步精简收费项目，确保目录之外无政府定价的收费。完善重要民生商品价格调控机制，全力做好重要民生商品保供稳价工作，努力稳定居民消费价格总水平。

全面完善产权制度。产权是所有制的核心，产权制度是社会主义市场经济的基石。要建立健全归属清晰、权责明确、保护严格、流转顺畅的现代产权制度,加强产权激励,健全产权执法司法保护制度。完善江苏省产权交易体系,建立健全用水权、排污权、用能权、知识产权、碳排放权等交易机制。依法平等保护民营企业产权和企业家权益,进一步完善和创新民营企业产权保护的方法、措施、法规和制度。明确农村集体资产股份权能,推进经营性资产股份合作制改革。加快自然资源统一确权登记,推进农村集体所有的自然资源资产所有权确权。

 硬核知识

> 2019年7月,《自然资源统一确权登记暂行办法》发布,该办法适用于对水流、森林、山岭、草原、荒地、滩涂、海域、无居民海岛以及探明储量的矿产资源等自然资源的所有权和所有自然生态空间统一进行确权登记。这标志着中国开始全面实行自然资源统一确权登记制度,自然资源确权登记迈入法治化轨道。

保障市场公平竞争。公平竞争是市场经济的核心,是实现资源优化配置和企业优胜劣汰的保障。随着社会主义市场经济体制逐步完善,我国竞争政策的基础地位逐步确立,市场竞争机制不断健全。但同时要看到,与构建高水平社会主义市场经济体制特别是与建设高标准市场体系的要求相比,公平竞争制度还有待进一步完善。要打破地区封锁和行业垄断,减少对微观经济的干预,保护市场主体公平竞争,促进商品和要素在区域范围内自由流动。持续优化市场准入环境、竞争环境和消费环境,维护公平竞争秩序,激发市场活力。强化竞争政策基础地位,全面落实公平竞争审查制度,统筹负面清单和正面清单管理,建立违反公平竞争问题反映和举报绿色通道。深化事业单位改革,深化行业协会、商会和中介机构改革,破除服务垄断。

第二节 打造国际一流营商环境

优化营商环境不止步，是高质量发展的大势所趋，是决胜未来的关键所在。2019年，国务院颁布《优化营商环境条例》；2020年，《江苏省优化营商环境条例》出台，为加快建设现代化经济体系，推动高质量发展提供了法治保障。营商环境只有更好，没有最好。"十四五"期间，我们必须持续优化营商环境，不断解放和发展社会生产力。

深化"放管服"改革。"放管服"，就是简政放权、放管结合、优化服务的简称。"放"即简政放权，降低准入门槛。"管"即创新监管，促进公平竞争。"服"即高效服务，营造便利环境。近年来，江苏进一步深化"放管服"改革，创造了"不见面审批"等典型经验，为推动经济高质量发展提供了有力支撑。

> **成绩单**
>
> 近年来，江苏省持续深化"放管服"改革、优化营商环境，为企业群众办事"扬帆"。"十三五"期间，江苏市场主体总量五年实现倍增，全省企业开办平均用时由2015年4.6天缩短至2.01天。截至2021年3月，已设立"跨省通办"线上服务专区，上线通办事项47项，便民服务16类115项，并在全省各级政务服务大厅开设135个线下"跨省通办"专窗，提供更多便民服务。

促进政务服务优质高效。"十四五"期间，要完善省市县乡村五级政务服务体系，推进标准化、规范化、便利化。推广自助服务、智能服务，实现政务服务就近能办、异地可办、区域通办、全程网办，提升"不见面审批（服务）"品牌影响力。打造"12345在线"政务服务品牌。强化政务服务大厅功能建设，推行"综窗"改革、"一件事"改革，梳理和再造政务服务流程，实现更多服务网上办、掌上办、一次办，常规信息"最多报一次"。

深化简政放权。 2013年以来全省取消、下放、调整行政权力事项1000余项，努力打造审批事项最少、办事效率最高、创新创业活力最强的区域。面向"十四五"，要统筹考虑基层需求和承接能力，聚焦群众和市场主体关注度高、办理量大的高频事项，实施精准赋权，为企业减负担、为群众办好事。实行政务服务事项清单管理制度，大力整治变相审批，规范备案管理。实施涉企经营许可事项清单管理，推行"证照分离"改革、"一业一证"改革，降低市场准入门槛，最大限度减少对微观经济活动的直接干预。创新审批方式，广泛推行告知承诺制。推动投资项目全流程在线审批，推动水电气等公共服务事项联动办理。

> **小贴士**
>
> 江苏12345"一企来"电话热线直通省级政务服务大厅42家部门、32个服务窗口、300名窗口首席代表，与江苏政务服务"一张网"实现互通，及时解决企业用网和办事诉求。开通以来，服务量一路攀升，单月解答各类企业政策诉求最高5万件，企业满意度始终保持在9成以上。

释疑解惑

问 什么是"证照分离"改革？

答 "证照"是企业进入市场的两把"钥匙"。所谓"照"，指的是工商部门颁发的营业执照；而"证"，指的是各相关行业主管部门颁发的经营许可证。改革前，企业要想进入市场，开门营业，必须先拿到许可证，再去办理营业执照，也就是"先证后照"。改革后，政府借鉴国际通行规则推出"先照后证"改革，企业可以先办营业执照，确立商事主体地位，然后办理各类行业许可证，此举将前置审批改为后置审批，大大降低了企业设立的门槛。

> **问** 什么是"一业一证"改革?
>
> **答** "一业一证"指的是将市场主体进入特定行业经营涉及的多张许可证整合为一张行业综合许可证,实现"一证准营"。
>
> **问** 什么是告知承诺制?
>
> **答** 告知承诺制是指行政机关在办理有关许可登记等事项时,以书面形式将法律法规规定证明的义务或者证明条件一次性告知当事人,如申请人书面承诺已经符合这些条件、标准和要求,表明愿意承担承诺不实的法律责任,行政机关就不再索要证明,直接予以办理。

推进投资和贸易便利化。持续优化外商投资企业设立流程,进一步清理精简审批、核准等事项,推行联合审批、多图联审等方式,优化项目报建审批流程,促进外商投资便利化。在标准制定、政府采购等方面切实做到内外资企业一视同仁、平等对待,保障内外资企业公平参与市场竞争。推广"区域评估",由政府组织力量对一定区域内地质灾害、水土保持等进行统一评估。提升跨境贸易便利化水平,进一步拓展国际贸易"单一窗口"功能,进一步压缩进出口整体通关时间。

提升监管水平。良好的营商环境,离不开强有力的监管。要建立适应高质量发展要求、保障安全的事中事后监管制度,依法对市场主体进行监管,建立健全以"双随机、一公开"为基本手段、以重点监管为补充、以信用监管为基础的新型监管机制。创新"互联网+监管"应用,实施信用承诺、信用审查、信用报告制度,加快构建以信用为基础的新型监管机制,形成各政府部门信息共享、协同监管、社会公众参与监督的外商投资全程监管体系,全面提高监管效能。

> **硬核知识**
>
> ### 国际贸易"单一窗口"
>
> 国际贸易"单一窗口"是国家为广大进出口企业搭建的公共信息平台。申报人通过电子口岸平台一点接入、一次性提交满足口岸管理和国际贸易相关部门要求的标准化单证和电子信息,相关部门通过电子口岸平台共享数据信息、实施职能管理,处理状态(结果)统一通过"单一窗口"反馈给申报人。对企业来说,"单一窗口"提供了集约化、一站式的服务功能。企业足不出户,就可向海关、海事、边检、税务等部门一次性提交相关申请资料,一窗通办相关部门业务。比如,国际航行船舶进港数据在上下港之间复用共享,大大缩减企业进港申报时间。"单一窗口"还利用数据聚集优势,与金融保险机构合作,创新推出"外贸+金融"模式,有效解决了中小微外贸企业融资难、融资贵的问题。
>
> 2020年,江苏国际贸易"单一窗口"主要业务应用率保持100%,创新开展船舶转港数据复用等功能试点工作,获国家口岸办在全国推广。2020年长三角主要领导座谈会期间,三省一市共同签署《长三角国际贸易"单一窗口"合作共建协议》。

第三节 推动全方位对外开放

开放是江苏发展的鲜明底色。20世纪90年代以来,江苏先后抓住浦东开发开放和我国入世的重大历史机遇,以开放促改革,以开放促发展,全面推进经济国际化进程,提高对外开放层次和水平,实际使用外资和货物贸易进出口居全国前列,国家级开发区、国家级高新区、海关特殊监管区数量等开放载体数量全国第一,为中国谱写改革开放伟大奇迹贡献了"江苏智慧",提供了"江苏经验"。

我们的"十四五"

 重磅声音

> 我们在改革开放上决不能有丝毫动摇,改革开放的旗帜必须继续高高举起,中国特色社会主义道路的正确方向必须牢牢坚持。
> ——2013年11月9日,习近平总书记在党的十八届三中全会上就《中共中央关于全面深化改革若干重大问题的决定》作的说明

> 人类社会发展的历史告诉我们,开放带来进步,封闭必然落后。
> ——2018年4月10日,习近平主席在博鳌亚洲论坛2018年年会开幕式上的主旨演讲

> 要抓住共建"一带一路"重大机遇,坚持对内开放和对外开放相结合,培育开放型经济主体,营造开放型经济环境,以更高水平开放促进更高质量发展。
> ——2020年6月8日至10日,习近平总书记在宁夏考察时的讲话

"十四五"时期,江苏将以"一带一路"交汇点建设为总揽,深化东西双向开放,在国内大循环中发挥重要战略支点作用,在国内国际双循环中发挥重要战略枢纽作用,加快开放强省建设,着力打造具有世界聚合力的双向开放枢纽。

优化开放战略布局。 时代大潮下,开放的大门不会关闭,只会越开越大。回顾过去40多年,江苏始终坚持做好对外开放这篇大文章,取得了显著的发展成就,奠定了开放强省的地位。展望未来,推动经济高质量发展,也必须在更加开放的条件下进行。

拓展双向开放新空间。江苏处于丝绸之路经济带和21世纪海上丝绸之路的交汇点上，要主动参与"一带一路"建设，放大向东开放优势，做好向西开放文章，拓展对内对外开放新空间，加快构建陆海联动、东西互济、各展所长的开放新格局。深化多元开放合作，巩固江苏同世界主要经济体合作的先发优势，扬我所长、趋利避害。深化与日韩、东盟、欧盟等国家和地区合作，拓展与美国、英国、澳大利亚等国家多层次交往，构建产业、科技、贸易等多领域开放合作格局。深化与日韩全方位多层次宽领域经贸合作，积极融入东亚"小循环"。

2021年5月17日，以"畅通东亚产业循环，携手合作共赢发展"为主题的东亚企业家太湖论坛在苏州举行

塑造开放发展新优势。随着越来越深入融入全球化、参与国际竞争，面对复杂严峻的国内外环境，需要以规则、标准等制度型开放为基础，用市场化和法治化手段推进对外开放，让外资更加放心、更有信心。"十四五"期间，要健全更高水平开放型经济新体制，率先推动规则、规制、管理、标准等制度型开放，抓住用好区域全面经济伙伴关系协定（RCEP）和中欧全面投资协定等机遇，塑造以产业、贸易、生态等为主导的竞争新优势。要实现双向开放更大突破，着力打造江苏商品、江苏投资、江苏服务品牌，统筹布局建设境外园区，进一步扩大服务业对外开放，实施数字贸易提升计划，在更大空间把握发展主动权。

高标准建设中国（江苏）自贸试验区。2019年，国务院批准设立中国（江苏）自由贸易试验区，这是促进江苏全方位高水平对外开放、更好服务国家战略的重大机遇。两年来，江苏自贸试验区探索实施全国全省首创改革举措87项，形成151项制度创新成果。面向"十四五"，江苏自贸试验区要聚焦"研发—制造—流通—使用—保障—安全"六个环节，率先创新推动生物医药全产业链开放创新，探索更具竞争力的制度安排。鼓励协同联动发展，建设自贸试验区联动创新发展区。赋予自由贸易试验区改革自主权，鼓励支持南京、苏州、连云港三大片区加强特色探索，打造高质量发展新增长极。

加快外资外贸提质增效。 外贸外资是稳定经济增长、推动开放型经济高质量发展的重要支撑。截至2020年底，江苏进出口规模连续18年居全

 **硬核知识**

跨境电子商务综合试验区

为推动跨境电子商务健康快速发展，2015年以来，国务院陆续在杭州等城市设立跨境电子商务综合试验区（以下简称"跨电综试区"），旨在跨境电子商务交易、支付、物流、通关、退税、结汇等环节的技术标准、业务流程、监管模式和信息化建设等方面先行先试，通过制度创新、管理创新、服务创新和协同发展，破解跨境电子商务发展中的深层次矛盾和体制性难题，打造跨境电子商务完整的产业链和生态链，逐步形成一套适应和引领全球跨境电子商务发展的管理制度和规则，为推动全国跨境电子商务健康发展提供可复制、可推广的经验。截至2020年底，全国已有105个城市经国务院批复设立跨电综试区，其中江苏有10个城市获批，数量居全国前列。跨电综试区建设成为江苏跨境电子商务发展的重要载体和着力点。江苏各地陆续建成90余家跨境电商产业园和孵化基地，产业集聚发展态势明显；21家省级公共海外仓服务企业超2000家，200多家各类海外仓覆盖欧美等传统市场和"一带一路"等新兴市场，为江苏自主品牌和优势产业深耕国际市场提供了有力支撑。

国第二位,使用外资持续保持全国领先,创造了开放合作的可喜成绩。高质量发展阶段,外资外贸不仅要继续扩大规模,更要注重提升规模和效益。

外贸发展需创新。要适应外贸发展新形势,坚定不移推进贸易创新发展,进一步深化科技、制度、模式和业态创新,挖掘潜力,激发活力,增添动力,培育国际合作和竞争新优势。优化外贸发展方式,扩大自主品牌产品出口,做大做强一般贸易,创新发展加工贸易,促进产品贸易向价值链贸易升级。注重发挥进口贸易促进创新示范区载体功能,积极参与并放大进博会溢出效应,扩大优质商品进口。大力发展跨境电子商务、市场采购贸易方式、外贸综合服务、离岸贸易等新业态新模式,不断优化营商环境,提升便利化水平。积极发展新型贸易,发展壮大服务贸易,加快服务外包向各行业深度拓展。

外资质量需提高。全球化的今天,哪里的市场迸发活力,企业就会去哪里。我们要适应全球化浪潮,发挥大市场优势,主动扩大市场准入,注重引资与引智、引技相结合,积极引进技术、经济、环保和社会效益标准高的外资项目,深度融入全球性区域性生产网络。积极发展外资总部经济,鼓励外资设立地区总部和功能性机构,支持外资企业由生产基地、工厂向功能性机构和区域性总部转型,更多融入国内产业链供应链,加强与跨国公司产业配套和服务协作,提高外资根植性,实现外资企业本土化发展。

 **硬核知识**

跨国公司地区总部和功能性机构

多年来,外资企业在江苏集中布局地区总部和功能性机构,带来"龙头"效应、"乘数"效应。以2020年为例,省级认定的跨国公司地区总部和功能性机构户均纳税是全省外资企业平均水平的15倍。为发展外资总部经济,江苏自2012年起分11个批次累计认定295家跨国公司地区总部和功能性机构,其中地区总部175家,功能性机构120家。全省认定的地区总部和功能性机构中共有47家企业由世界500强企业投资。地区总部和功能性机构分布相对集中,主要集中在苏南四市。为推动江苏新一轮高水平对外开放，积极参与全球产业格局调整，鼓励跨国公司在江苏设立地区总部和功能性机构，江苏发布《关于鼓励跨国公司在江苏设立地区总部和功能性机构的意见（2021年版）》，进一步鼓励跨国公司集聚发展、提升能级，提高全省利用外资质量和水平。

积极提升对外投资合作水平。 依托江苏制造业优势，把握当前全球产业链区域化、多元化的趋势，优化境外投资行业结构和国别布局，鼓励引导有实力的企业主动走出去参与全球产业链供应链重构，推动形成中资主导、根植国内、面向全球的产业链供应链。支持企业通过走出去建立立足国内国际两个市场的自主可控现代产业体系，引导企业参与"一带一路"产能合作、整合发达国家高端要素资源，打造具有江苏特色的民营国际化制造业企业集群，推动"走出去""引进来"融合发展。努力将境外经贸合作区打造成国内国际双循环新发展格局的重要支点。建设运行好江苏"全程相伴"走出去综合服务平台，打造全国领先的走出去服务支持集成体系。

 **硬核知识**

境外经贸合作区

境外经贸合作区，是指在中华人民共和国境内（不含香港、澳门和台湾地区）注册、具有独立法人资格的中资控股企业，通过境外设立的中资控股独立法人机构投资建设的基础设施完备、主导产业明确、公共服务功能健全、具有集聚和辐射效应的产业园区。建设境外经贸合作区是我国进一步推动改革开放的重要举措，是落实"一带一路"倡议与世界各国互利共赢的有效途径。截至2021年一季度，江苏在6个国家建有7个境外园区，其中2家国家级境外经贸合作区：柬埔寨西哈努克港经济特区、埃塞俄比亚东方工业园；1家国家级产能合作园区：中阿（联酋）产能合作示范园；4家省级境外经贸合作区：印尼东加里曼丹岛农工贸经济合作区、江苏-新阳嘎农工贸现代产业园、印尼吉打邦农林生态产业园、徐工巴西工业园。

第八章 | 塑造改革开放新优势

7家园区累计投资27.9亿美元，入区企业325家，总产值49.3亿美元，上缴东道国税费1.7亿美元，为当地创造就业岗位逾5万个。

赋能开发区创新提升发展。"十三五"以来，江苏开发区总体发展水平居全国前列。2020年，江苏开发区以占全省10%的土地面积，贡献了全省50%以上的经济总量和一般公共预算收入，全省60%的工业增加值，80%以上的进出口总额和实际使用外资。"十四五"时期，将更大力度发挥开发区产业优势和制度优势，激活开发区发展的"一池春水"。

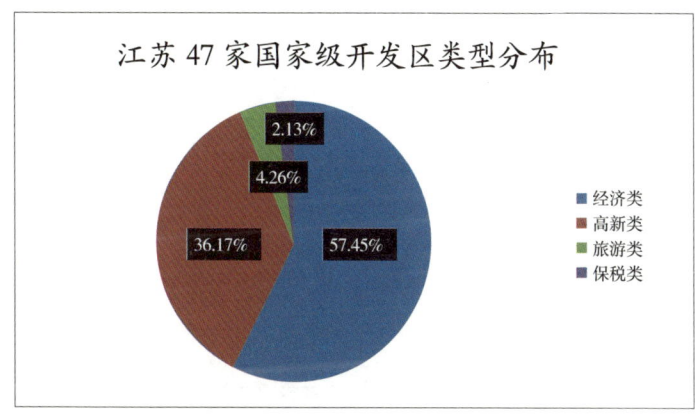

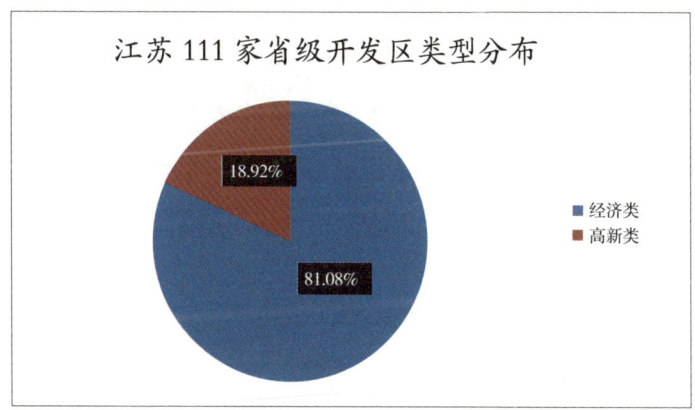

截至2021年8月，经国务院、江苏省政府正式批准设立的江苏各类开发区共158家，其中国家级47家（经济类27家、高新类17家、旅游类2家、保税类1家），省级111家（经济类90家、高新类21家）。国家级经开区、高新区数量均居全国第一

我们的"十四五"

优势产业要壮大。突出主导产业集聚发展，各经济开发区应科学确定主导产业，加快新型电力（新能源）装备、工程机械、物联网、前沿新材料、核心信息技术等省级特色创新（产业）示范园区建设，提升产业链现代化水平。对于符合条件的创新基础能力提升、关键核心技术突破、智能化绿色制造等领域的重大研发类项目，优先给予资金扶持。支持国家级开发区打造产业标杆、省级开发区构建产业优势。推动开发区跨区域整合资源、优化布局、联动发展，合力打造产业链条。加强省内国际合作园区建设，构建国际先进技术集聚高地。

成绩单

2020年江苏开发区工业增加值为27780亿元，新型电力（新能源）装备、工程机械、物联网、前沿新材料、核心信息技术等省级特色创新（产业）示范园区竞争力不断增强。江苏开发区产业链条完整，各类商品和服务供给的规模效应、集聚效应优势突出。

体制机制要健全。分类深化开发区管理体制机制改革创新，实行"开发区+功能园区""一区多园"模式，促进经济发展主责主业做大做强，鼓励有条件的开发区向城市综合功能区转型。推进大部门制改革，实行扁平化管理，编制、岗位和资源向招商引资一线和服务企业一线集中。建立市场化主导的运营模式，实行管理机构与开发运营企业合理分离。

硬核知识

"十四五"期间着力推进的重大开放合作平台建设工程

境外园区建设示范工程：扎实推进中阿（联酋）产能合作示范园建设，打造江苏参与"一带一路"建设的示范项目。支持柬埔寨西港特区等境外园区高质量发展,率先开展人民币跨境业务试点。持续推进霍尔果斯－东门经济特区建设。

省内国际合作园区引领支撑工程:深化苏州工业园区开放创新综合试验。加快推进中德(太仓)中小企业合作示范区、中韩(盐城)产业园、中日(苏州)地方发展合作示范区、中意海安生态园、中奥苏通生态园、中国瑞士镇江生态产业园、中欧(无锡)生命科技创新产业园、中新(丹阳)产业园等提升合作层次。加快中哈(连云港)物流合作基地、上合组织(连云港)国际物流园提档升级。

苏台融合发展载体建设工程:继续推进昆山深化两岸产业合作试验区、两岸企业家紫金山峰会、淮安台资集聚示范区等建设,办好中国(苏州)电子信息博览会、台商(淮安)论坛等重点经贸交流活动,加强海峡两岸农业合作试验区、台湾农民创业园和海峡两岸青年实习就业创业平台建设。

苏港、苏澳务实合作建设工程:定期召开苏港合作联席会议,办好江苏－澳门·葡语国家工商峰会、苏港融合发展峰会、苏港澳青年发展论坛,推进苏澳合作平台建设。

开放合作品牌建设工程:实施"友城30强"工程,全面提升江苏发展大会、全球苏商大会、东亚企业家太湖论坛、世界物联网博览会、世界智能制造大会等重大活动影响。

1. 习近平:《在第三届中国国际进口博览会开幕式上发表主旨演讲》,《人民日报》2020年11月5日
2. 习近平:《在博鳌亚洲论坛2021年年会开幕式上发表主旨演讲》,《人民日报》2021年4月21日
3. 习近平:《在2021年中国国际服务贸易交易会全球服务贸易峰会上的致辞》,《人民日报》2021年9月3日

第九章 凝心聚力奋进"十四五"

一分部署，九分落实。蓝图已绘就，奋斗正当时。站在"两个一百年"的历史交汇点上，全面建设社会主义现代化国家的新征程已经开启。展望美好未来，不管乱云飞渡，还是风吹雨打，我们都要在党的坚强领导下，不忘初心、牢记使命，始终保持坚如磐石的信心，始终保持奋发向上的劲头，始终保持坚韧不拔的毅力，一步一个脚印把"十四五"规划的美好蓝图变为现实，奋力开辟"强富美高"新江苏的新境界。

坚持和加强党的全面领导。党政军民学，东西南北中，党是领导一切的。党的领导是中国特色社会主义的本质特征，是中国特色社会主义的最大优势。在坚持党的领导这个重大原则问题上，我们脑子要特别清醒、眼睛要特别明亮、立场要特别坚定，绝不能有任何含糊和动摇。要全面贯彻落实习近平新时代中国特色社会主义思想，坚决贯彻党的基本理论、基本路线、基本方略，增强"四个意识"、坚定"四个自信"、做到"两个维护"，加强党对社会主义现代化建设的全面领导。坚持和完善党领导经济社会发展的体制机制，把党的领导贯穿"十四五"规划组织实施各领域全过程。将监督融入"十四五"建设之中，把完善权力运行和监督制约机制作为实施规划的基础性建设，构建全覆盖的责任制度和监督制度。充分发挥各级党组织和党员的作用，进一步增强凝聚力和执行力，风雨同舟、同甘共苦，团结全省人民为实现"十四五"规划目标任务共同奋斗。

创新规划实施机制。强化省级发展规划统领作用，统筹规划全程管理，形成层级衔接、定位准确、功能互补、边界清晰的完整规划体系。兵马未动，粮草先行。要推动金融资本优先支持省级发展规划确定的重大战略、重大改革开放举措和重大工程建设等。健全土地、人才、环保、用海、用能等要素保障与省级发展规划匹配机制。重大生产力布局和就业、产业、投资、消费、区域等公共政策的制定，要服从和服务于省级发展规划。强化对规划实施过程的"全周期管理"，健全规划运行过程和实施效果的评估、监督、考核和问责机制，做好弹性和刚性的衔接、指导性和约束性的衔接，保障"一张蓝图绘到底"。

广泛凝聚社会力量。众人划桨好开船。落实"十四五"规划，人人都是参与者、人人都是践行者。必须把社会各方的热情激发出来、力量凝聚起来，团结一切可以团结的力量，调动一切可以调动的积极因素，动员、鼓励、激发市场主体、社会力量和人民群众积极参与和推进规划实施，心往一处想、劲往一处使，形成干事创业的强大合力。

第九章 凝心聚力奋进"十四五"

现场直击

"抗疫先锋"行动党支部在行动

释疑解惑

问 "两在两同"建新功行动是什么?

答 2021年7月,江苏省委发出通知,要求全省党员干部坚决响应习近平总书记在"七一"重要讲话中发出的伟大号召,深入开展"同人民想在一起、干在一起,风雨同舟、同甘共苦,在现代化新征程上建新功"行动。

回望来路,"奋斗"一直是江苏突出而鲜明的主题,是我们对这个伟大时代的最好回答,是新时代江苏发展最动人的乐章、最澎湃的旋律,也是8400多万江苏人民胜利前行的重要密码。

团结奋进,山海可蹈;勠力同心,未来可期。这是以梦为马、不负韶华的奋斗之时代。以梦想为岸、以实干作桨、以精神扬帆,乘着浩荡的时代东风,江苏人民正在这片热土上抒写着精彩的人生,创造着美好的未来。无论你是逆行出征的白衣战士还是奋战一线的基层干部,无论你是创新创造的产业工人还是助农兴农的带货达人,无论你是勇攀高峰的科研人才还是守护希望的人民教师,每个人都是自己的英雄,每个人都了不起,每个人的人生都能出彩。或许你只是一滴水,汇入"强富美高"新江苏建设的滚滚浪潮,就能爆发冲出绝壁、奔涌向前的无穷力量;或许你只是一束光,融入社会主义现代化新征程的恢宏大势,就能发射澄澈玉宇、照亮千秋的璀璨光芒。

时节如流,奋斗如歌!

延伸阅读

1.习近平:《在中央和国家机关党的建设工作会议上的讲话》,《求是》2019年第21期

2.《中共中央关于坚持和完善中国特色社会主义制度　推进国家治理体系和治理能力现代化若干重大问题的决定》,《人民日报》2019年11月6日

后 记

参加本书起草和修改的有臧建东、赵建国、卓炜、陈清华、刘万勋、刘波、蒋历军、赵娟、赵婧、徐丙奇、马超林、林群、汤兴华、李雄伟、盛馨莲、王英炜、陈朋、夏丹、葛舒、王丹丹、孙敏、潘力、胡晓岚等同志，金世斌、孙耀武、李佳婧和刘必好、陈璐、李向阳、贾雷、梁敬国等同志自始至终参加了修改和统稿工作。

本书在编写过程中，得到了省级机关部分单位的大力支持。省委党校、省发改委、省科技厅、省工信厅、省人社厅、省生态环境厅、省农业农村厅、省商务厅、省应急管理厅、省政务办、省统计局、省乡村振兴局和南京海关等单位提出了宝贵意见。赵金松同志审改了全部书稿。

编者
2021 年 8 月